행복한 웃음바다
유머 뱅크

이야기공방 엮음

ᵏ ㈜학은미디어

::책머리에

불확실성의 시대를 살아가는 우리는 알게 모르게 스트레스에 시달리고 있습니다. 학생은 학생대로, 사회인은 사회인대로 스트레스에 직면할 수밖에 없지요.
스트레스를 날릴 수 있는 가장 좋은 방법은 '웃음' 입니다. 오죽하면 웃음을 '만병통치약' 이라고 하겠습니까.
웃다 보면 저절로 마음과 몸이 이완되어 자신감이 생기고 온몸에 활기가 넘치게 됩니다. 그야말로 행복해서 웃는 것이 아니라 '웃기 때문에 행복해지는' 것이지요.
이 책은 자연스럽게 밝은 웃음을 이끌어 내는 건전하고 엉뚱 기발한 유머를 정리하여 학생부터 일반인까지 편안하게 읽고 활용할 수 있도록 꾸민 실용 유머 모음집입니다.
특히, 유머 속에 영어, 한자, 고사성어, 기초과학 상식을 담아 학습 효과까지 얻도록 하였습니다.
마음껏 웃고, 그 웃음을 주위에 퍼뜨려 화목한 가정, 즐거운 학교, 행복한 세상을 만들었으면 좋겠습니다.

-이야기공방-

::**차례**

껑먹고 알먹는 유머 • 5

가수 비와 함께 랄랄라 영어 공부_6
다음 문제에 영어로 답하세요(수수께끼)_9
흉내말 영어 표현_12
교양 있게 영어로 욕하기_12
영어 해석 제대로 하기_13
예의 없는 황당한 장사꾼_14
무조건 달라고 떼쓰는 사람들_14
확실한 충청도 사람_15
잠꾸러기 한자들_16
아하, 그렇군_17 / 스님_17
엿장수 맘대로 고사성어_18
엉터리 구구단 / 더하기·빼기_33

와글바글 동물유머 • 35

 재기발랄 유머학교 • 65

웃음폭탄 군대유머 • 105

알콩달콩 유머부부 • 115

IQ쑥쑥 두뇌유머 • 155

 쑥덕쑥덕 정치유머 • 193

 두근두근 남녀유머 • 209

배꼽잡는 언어유머 • 239

행·복·한·웃·음·바·다·유·머·뱅·크

꿩 먹고 알 먹는 유머

- 유머로 영어와 한자 공부하기 -

© Yukeunsook, 2010

가수 비와 함께 랄랄라 영어 공부

*가수 비의 모든 것, 그 정체는?

b all(전부) ➔ ball(공)

*비가 비를 맞으면? 머리가 더욱 좋아진다.

b rain(비) ➔ brain(뇌, 두뇌)

*비가 나이를 먹으면 어떻게 될까?

더욱 대담해진다.

b old(나이든) ➔ bold(대담한, 굵은)

*'비가 독서하다'를 영어로 하면?

b read(읽다) ➔ bread(빵)

*'비가 그치다'를 영어로 하면?

b end(끝) ➔ bend(구부리다)

* '비가 부족하다'를 영어로 하면?

b lack(부족하다) ➜ black(검정)

* '비가 먹는다'를 영어로 하면?

b eat(먹다) ➜ beat(두드리다, 박자)

*비의 귀는?

b ear(귀) ➜ bear(곰)

*비가 갈대밭에 들어가면? 새끼를 낳는다.

b reed(갈대) ➜ breed(새끼를 낳다)

*비가 귀리를 먹으면?

b oat(귀리) ➜ boat(보트)

*비가 기름을 바르면?

b oil(기름) ➜ boil(끓다)

*비가 올빼미를 잡으면 어떻게 될까?

사발이 된다. b owl(올빼미) ➜ bowl(사발)

*비의 오른쪽은? 눈이 부시게 빛난다.

b right(오른쪽) ➜ bright(빛나다)

*비가 가는 길은? 넓은 탄탄대로

b road(길) ➜ broad(폭이 넓은)

*비가 문을 잠그면?

b lock(잠그다) ➜ block(블록)

*'비가 질주하다'를 영어로 하면?

b rush(질주하다) ➜ brush(솔)

*'비가 말하다'를 영어로 하면?

b utter(입 밖에 내다) ➜ butter(버터)

다음 문제에 영어로 답하세요

* **티 없이 아름다운** ➔ beauiful   beautiful

* **이빨 빠진 호랑이** ➔ tigr   tiger

* **자식(아이) 버린 매정한 사자** ➔ lon   lion

                                아이(i)를 없앴으므로

* **거세한 고양이** ➔ at   cat (씨를 없앴으니)

* **씨 없는 오이** ➔ uumber   cucumber

* **물 빠져 버린 수박**
➔ melon   watermelon

* **먹던 사과** ➔ pineapple (파인 사과)

* **코 빠진 코알라** ➔ ala   koala

*열쇠 잃어버린 원숭이 ➡ mon   mon~~key~~
열쇠(key)

*장님 고릴라 ➡ gorlla   gorilla
눈(eye : 발음이 i와 같음)이 없으므로

*이빨 빠진 곰 ➡ bar(막대, 바)   bear
이(발음이 e와 같음)를 없앴으므로

*이 빠진 남동생 ➡ brothr   brother

*이 빠진 여동생 ➡ sistr   sister

*이 빠진 할아버지 ➡ grandfathr grandfather

*이 빠진 할머니 ➡ grandmothr grandmother

*돌고래는 영어로 dolphin. 그럼 고래는?
➡ phin   ~~dol~~phin (돌핀)

*삶은 달걀 ➡ Life is egg.

*동물원에서 팔려고 내놓은 동물?
➜ panda(판다)

*동물 중에서 가장 부자인 동물은?
➜ ostrich(타조)   rich(부유한)

*동물 나라의 스파이는?   거미
➜ spider(스파이다)

*장마를 영어로 하면?
➜ bee(벌)   비이~ 발음이 길다

*떠나 버린 남자 ➜ mango(망고)
man(남자) + go(가다)

*이혼한 여자 ➜ wo
woman(부인) − man(남자) = wo

*이혼녀가 다시 재혼하면 ➜ woman
wo + man = woman

흉내말 영어 표현

남자의 웃음 ➡ her her her

여자의 웃음 ➡ he he he

축구 선수의 웃음 ➡ kick kick kick

바람둥이 남자의 웃음 ➡ ggirl ggirl ggirl

살인마의 웃음 ➡ kill kill kill

요리사의 웃음 ➡ cook cook cook

탐정의 웃음 ➡ Who Who Who

남자가 오줌 누는 소리 ➡ she she she

교양 있게 영어로 욕하기

Dog son - 개새끼 Dog girl - 개년

A 18 - 에이 씨팔 A 29 - 에이 씨팔

9 + 9(씨팔) GR(지랄)

No4가지(싸가지 없는)

영어 해석 제대로 하기

* Nice to meet you.(만나서 반가워)
➜ 너 잘 만났다.

* I'm sorry.(미안합니다) ➜ 나는 소리입니다.

* Yes, I can.(예, 나는 할 수 있습니다)
➜ 예, 나는 깡통입니다.

* I'm fine, and you?
(나는 잘 지냅니다. 당신은요?)
➜ 나는 파인주스, 당신은?

* This is nose. ➜ 디스코

* This isn't nose. ➜ 이코노

* Stand up, please. ➜ 일어나거라, 플리즈야.

* I love you long. ➜ 나는 너를 사랑하지롱.

* I go to church. ➜ 내가 처치하러 간다.

* Oh, my God! ➜ 아이고, 내 거시기!

God를 '좆'으로 잘못 발음할 경우ㅋㅋ

예의 없는 황당한 장사꾼

* 모래 장수 沙 (모래 사)
* 실 장수 絲 (실 사)
* 비단 장수 紗 (비단 사)
* 뱀 장수 巳 (뱀 사)
* 복덕방 할아버지 舍 (집 사)
* 찻집 주인 茶 (차 다)

무조건 달라고 떼쓰는 사람들

* 술꾼 酒 (술 주)
* 주인을 달라니? 主 (주인 주)
* 군사 冑 (투구 주)
* 집 없는 사람 宙 (집 주)
* 기둥을 뽑아 달라고? 柱 (기둥 주)
* 선원 舟 (배 주)
* 거미를 좋아하는 육식 동물? 蛛 (거미 주)
* 고을을 통째로 달라? 州 (고을 주)
* 경마꾼 紂 (말고삐 주)

확실한 충청도 사람

* 뭐하는 사람이냐고 묻는 객줏집 주모에게 선비가 儒 (선비 유)
* 아기에게 무얼 먹이냐고 묻자 아기 엄마가 乳 (젖 유)
* 유자나무 주인이 행인에게 柚 (유자 유)
* 유리 가게 주인이 손님에게 琉 (유리 유)
* 놋그릇 가게 주인이 손님에게 鍮 (놋쇠 유)
* 여관을 찾은 손님이 하룻밤 묵어가겠노라고 留 (머무를 류)
* 식당 손님이 주인에게 음식을 남기겠다고 遺 (남길 유)
* 길에서 친구를 만난 아저씨가 余 (나 여)
* 나그네가 旅 (나그네 여)
* 누가 한 짓이냐고 묻는 사람에게 汝 (너 여)
* 강을 건너려는 사람에게 나룻배 뱃사공이 艅 (나룻배 여)
* 수레꾼이 輿 (수레 여)

 세상에서 가장 큰 동물

잠꾸러기 한자들

姉 누이 자
子 아들 자
自 스스로 자
者 놈 자

아하, 그렇군

* 매를 사고파는 글자 買 (살 매) 賣 (팔 매)
* 문틈에 입이 낀 글자 問 (물을 문)
* 문틈에 귀가 낀 글자 聞 (들을 문)
* 왕의 얼굴에 점 하나 생기면 玉 (구슬 옥)
* 왕이 왕관을 벗으면 土 (흙 토)
* 장사꾼들이 가장 많이 쓰는 한자 底 (밑 저)
* 산 위에 산 있는 글자 出 (날 출)
* 하늘보다 높은 사람은 夫 (사내/남편 부)

夫와 天(하늘 천)의 모양을 비교해 볼 것.

스님

* 세 명의 스님 중에서 가운데 있는 스님을 가리키는 글자 中 (가운데 중)
* 그중에서 가장 뚱뚱한 스님은 重 (무거울 중)
* 여럿이 모여 있는 스님들은 衆 (무리 중)

엿장수 맘대로 고사성어

★노발대발怒發大發의 뜻은?

노인 발은 크다.

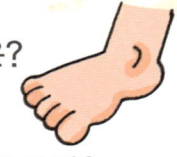

★거두절미去頭截尾란?

최고의 인절미

거두(巨頭) : 주요한 자리를 차지하고 있는 우두머리

★견마지로犬馬之勞의 뜻은?

개와 말이 다니는 길   로(路) : 길 로.

★하늘도 놀랄 만큼 신뢰가 두터운 동지란?

경천동지驚天動地

★달걀이 죽어서 화장했을 때 남는 것은?

계란유골鷄卵有骨

유골(遺骨) : 죽은 사람의 뼈

★ '고 씨 성을 가진 청년이 열심히
　　싸운다'를 네 글자로 하면?

　　　　고군분투孤軍奮鬪

★소가 다리 기둥에 부딪혀 죽었을 때 하는 말?

　교각살우矯角殺牛

　　교각(橋脚) : 다리를 받치는 기둥.

★매워서 먹기 어려운 불낙(불고기 낙지 볶음)은?

　난공불락難功不落

　　　★일란성 남자 쌍둥이를 네 글자로 하면?

　　난형난제難兄難弟

노발대발怒發大發_크게 성을 냄.
거두절미去頭截尾_머리와 꼬리를 잘라 버림. 요점만 말함.
견마지로犬馬之勞_충성을 다함. 犬馬는 자기 몸을 낮추어 이르는 말.
경천동지驚天動地_세상을 몹시 놀라게 함.
계란유골鷄卵有骨_달걀에 뼈가 있다. 일이 잘 안 될 때 쓰는 말.
고군분투孤軍奮鬪_적은 수의 약한 군사가 강한 적과 용감히 싸움.
교각살우矯角殺牛_소의 뿔을 바로잡으려다 소를 죽임.
난공불락難攻不落_공격하기가 어려워 쉽게 함락되지 않음.
난형난제難兄難弟_누가 형이고 누가 동생인지 분간하기 어려움.

★ '코뿔소가 불에 타고 있다'를 네 글자로 하면?
　　무소불위無所不爲

　　코뿔소는 '무소'라고도 한다. 무소가 불 위에 있으니…

★ 세상에서 가장 큰 연필?
　　대서특필大書特筆

★ 동고동락同苦同樂의 뜻은?
　　같은 고등학교에 다니는 친구가 똑같이 대학에 떨어졌다.

　　고(高 : 높을 고. 고등학교) / 락(落 : 떨어질 락)

★ 반신반의半信半疑란?
　　신의 경지에 이른 명의(名醫)

　　반은 귀신이고 반은 의사니…. 신(神 : 귀신 신) / 의(醫 : 의원 의)

★ 백년대계百年大計란?
　　백 년 묵은 큰 닭

　　계(鷄) : 닭 계

★우리는 왜 배달민족倍達民族이라 불릴까?

배달(피자, 중국집, 치킨, 퀵 등등)이 발달해서

★마이동풍馬耳東風이란?

나의 동쪽 바람

my(나의) : '마이' 로 발음.

★빈자일등貧者一燈의 뜻은?

가난한 사람이 일등(一等)이다.

등(等 : 무리 등)

★애인여기愛人如己의 뜻?

애인 여기 있어요.

무소불위無所不爲_하지 못할 일이 전연 없다.
대서특필大書特筆_특별히 드러나 보이게 큰 글자로 씀.
동고동락同苦同樂_즐거움과 괴로움을 함께함.
반신반의半信半疑_반쯤은 믿고 반쯤은 의심함.
백년대계百年大計_먼 장래를 내다보고 세우는 계획.
배달민족倍達民族_우리 민족을 이름. 倍達은 상고 시대 우리나라 칭호.
마이동풍馬耳東風_남의 말을 전혀 귀담아 듣지 않고 흘려 버림.
빈자일등貧者一燈_가난한 이의 등불 하나. 정성이 소중함을 이름.
애인여기愛人如己_남을 사랑하기를 제 몸같이 함.

★사상을 두 글자로 정의하면?

누각. 사상누각沙上樓閣

사상(思想) : 생각, 의견. 沙上과 음이 같아서…

★사면초가四面楚歌의 뜻은?

아무리 둘러봐도 초가집뿐이다.

★다섯 곡식에 대해 다룬 백과사전을 네 글자로 하면?

오곡백과五穀百果

백과(百科) : 백과사전의 준말. 모든 부문의 지식을 풀이한 사전.

★설왕설래說往說來란?

눈이 그쳤다 다시 온다는 뜻

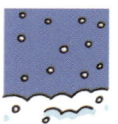

설(雪) : 눈 설

★평생 한 번도 상을 받지 못한 사람이 하는 말은?

인생무상人生無常

인생(평생)에 상이 없으니… 상(賞) : 상 상

★ **상통하달**上通下達**이란?**
위에는 통이 있고 아래에는 달이 있다.

★ **신상필벌**信賞必罰**의 뜻?**
신상(신상품) 좋아하다 큰코다친다.

필벌(必罰) : 반드시 벌을 받는다는 뜻.

★ **사고무친**四顧無親**이란?**
사고를 쳐서 친구가 없다.

★ **사통팔달**四通八達**이란?**
통 네 개, 달 여덟 개란 뜻.

사상누각沙上樓閣_기초가 약해 오래 견디지 못할 일이나 물건.
사면초가四面楚歌_주위에 온통 적들만 있고 도와주는 이가 없음.
오곡백과五穀百果_온갖 곡식과 여러 가지 과실.
설왕설래說往說來_서로 변론하느라고 옥신각신함.
인생무상人生無常_인생의 덧없음을 이르는 말.
상통하달上通下達_위아래로 명령이나 의사가 잘 통함.
신상필벌信賞必罰_상과 벌을 공정하고 엄중하게 함.
사고무친四顧無親_주위를 둘러봐도 의지할 만한 사람이 없음.
사통팔달四通八達_이리저리 사방으로 통함.

★안개가 자욱한 호수에 있는 오리를 네 글자로 하면?

오리무중五里霧中

★선남선녀善男善女의 뜻은?

일어선 남자와 여자.

★오비삼척吾鼻三尺이란?

내 코는 삼척에 있다.

삼척(三陟) : 강원도 남동쪽에 있는 시.

★외화내빈外華內貧이란?

밖에는 꽃이 피어 있고,
안에는 빈대가 있다는 말.

★우왕좌왕右往左往이란?

오른쪽에도 왕, 왼쪽에도 왕.

★일취월장日就月將이란?

날마다 술에 취해 담을 넘는다는 뜻.

월장(越墻) : 담을 넘음.

★유비무환有備無患이란?

유비에겐 근심이 없다, 즉 유비는 천하태평.

유비(劉備) : 〈삼국지〉 주인공. 촉한의 황제

★일벌백계一罰百戒란?

벌 한 마리가 닭 백 마리와 맞먹는다는 뜻.

계(鷄) : 닭 계

★유만부동類萬不同이란?

너(you)만 움직이지 말라는 뜻.

오리무중五里霧中_어떤 일에 대해 갈피를 못 잡고 알 길이 없음.
선남선녀善男善女_착하고 어진 사람들.
오비삼척吾鼻三尺_내 코가 석 자.
외화내빈外華內貧_겉은 화려하나 속은 빈약함.
우왕좌왕右往左往_이리저리 왔다 갔다 함.
일취월장日就月將_날로 달로 자라거나 발전함.
유비무환有備無患_미리 준비해 놓으면 걱정할 것이 없음.
일벌백계一罰百戒_경각심을 불러일으키기 위해 무거운 처벌을 함.
유만부동類萬不同_비슷한 것이 많으나 서로 다름. 정도에 넘침.

★ 적자생존適者生存이란?
적자를 내지만 살아남자는 말.

★ 무밭에 가서 하는 말?
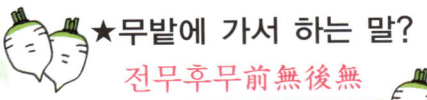
전무후무前無後無
앞에도 무, 뒤에도 무…

★ 조령모개朝令暮改란?
조령(새재)에 열린 모과(모개)

★ 정정당당正正堂堂이란?
정정(다시 고침)하는 주제에 당당하다.

★ 절세가인絶世佳人이란?
세금을 절약할 줄 아는 지혜로운 미인

★ '땅부자'를 네 글자로 하면?
좌지우지
左之右之의 之를 地(땅 지)로 바꾸면 왼쪽에도 땅,
오른쪽에도 땅이 됨. 그야말로 땅부자…

★중구의 보일러 시설을 네 글자로 하면?
중구난방衆口難防

★지성감천至誠感天이란?
박지성이 골을 넣으면 하늘도 감동한다는 뜻.

적자생존適者生存_환경에 적응한 생물만 살아남는 현상.
전무후무前無後無_전에도 없었고 앞으로도 있을 수 없음.
조령모개朝令暮改_아침에 내린 법령이 저녁에 다시 바뀜.
정정당당正正堂堂_태도나 수단이 공정하고 떳떳함.
절세가인絶世佳人_세상에 다시 없으리만큼 빼어나게 아름다운 여자.
좌지우지左之右之_제 마음대로 휘두르거나 다룸.
중구난방衆口難防_여러 사람의 입을 막기 어렵다는 말.
지성감천至誠感天_정성이 지극하면 하늘도 감동한다.

★파죽지세破竹之勢의 뜻은?
파로 쏜 죽을 먹은 힘.

★천차만별千差萬別이란?
천 대의 차와 만 개의 별

★촌철살인寸鐵殺人이란?
촌에서 철이가 일으킨 살인

★침소봉대針小棒大란?
바늘처럼 가느다란 소변(오줌),
몽둥이처럼 굵은 대변(똥).

針 : 바늘 침 / 棒 : 몽둥이 봉

★높은 지위나 벼슬을 탐하지 말라고
경계하는 고사성어는?

청운지지靑雲之志

청운(靑雲)은 높은 지위나 벼슬을 이름.
어린아이에게 더러운 것을 일러 줄 때
'지지' 라고 함.

★바쁘게 움직이는 거지를 네 글자로 하면?
행동거지行動擧止

★허장성세虛張聲勢란?
허 씨, 장 씨, 성 씨가 세력을 떨친다는 뜻.

★홍익인간弘益人間이란?
홍익대 학생

★흥진비래興盡悲來란?
흥이 다 깨지고 나서 가수 비가 왔다는 말.

파죽지세破竹之勢_대적을 거침없이 물리치고 쳐들어가는 강한 기세.
천차만별千差萬別_많은 차이와 구별이 있음.
촌철살인寸鐵殺人_짧은 경구(警句)로 사람의 마음을 감동시킴.
침소봉대針小棒大_작은 일을 크게 부풀려 말함.
청운지지靑雲之志_높고 큰 뜻.
행동거지行動擧止_몸을 움직여 하는 모든 짓.
허장성세虛張聲勢_실속이 없으면서 허세만 부림.
홍익인간弘益人間_널리 인간을 이롭게 함.
흥진비래興盡悲來_즐거운 일이 다하면 슬픈 일이 온다는 뜻.

★독일과 프랑스의 장군들을 네 글자로 하면?

독불장군獨不將軍

독일은 독(獨), 프랑스는 불(佛)이라고도 함.

★대대손손代代孫孫이란?

엄청 큰 두 손이란 뜻.

대(大) : 큰 대

★남녀노소男女老少란?

남 씨, 여 씨, 노 씨, 소 씨를 아울러 이름.

★부전자전父傳子傳이란?

아버지의 돈은 곧 아들의 돈

전(錢 : 돈 전)은 돈을 가리키는 은어로 쓰이기도 함.

★화중지병畵中之餠이란?

꽃 속에 생긴 병

화(花) : 꽃 화 / 병(病) : 병 병.

★지피지기知彼知己란?

자기 피와 자기 몸

지 : 제(저의)의 사투리.

★천고마비天高馬肥란?

하늘이 너무 높아 고개가 마비되었다는 말.

★천양지차天壤之差란?

천 씨 성 가진 아가씨의 차

★천재가 눈 똥을 네 글자로 하면?

천재지변天災地變

便은 '편할 편' 외에 '오줌 변'으로도 쓰이며, 똥이나 오줌을 가리킴.

독불장군獨不將軍_잘난 체하며 모든 일을 혼자서 처리함.
대대손손代代孫孫_대대로 이어 내려오는 자손.
남녀노소男女老少_남자와 여자, 늙은이와 젊은이. 즉 모든 사람.
부전자전父傳子傳_대대로 아버지가 자식에게 물려줌.
화중지병畵中之餠_그림의 떡. 탐이 나도 어찌해 볼 수 없는 사물.
지피지기知彼知己_상대를 알고 나를 안다.
천고마비天高馬肥_하늘이 높고 말이 살찐다.
천양지차天壤之差_하늘과 땅 사이와 같이 엄청난 차이.
천재지변天災地變_자연 현상으로 일어나는 재앙이나 괴변.

엉터리 구구단 / 더하기·빼기

*이이제이 以夷制夷 (오랑캐로 오랑캐를 제어한다는 뜻)
  ➜ 이이는사 2 × 2 = 4

*삼삼오오 三三五五 (서너 사람 또는 너더댓 사람이
           여기저기 떼를 지어 다니거나 무슨 일을 하는 모양)
  ➜ 삼삼은구 3 × 3 = 9

*사사건건 事事件件 (온갖 일)
  ➜ 사사십륙 4 × 4 = 16

*구구절절 句句節節 (모든 구절)
  ➜ 구구팔십일 9 × 9 = 81

*백 빼기 1은? ➜ 白(흰 백)

*십 빼기 1은? ➜ 一(한 일)

*천 빼기 1은? ➜ 十(열 십)

부전자전

바보 삼 형제가 달력을 보고 있었다.
막내가 달력에 있는 한자를 읽기 시작했다.
"月(월) 火(화) 水(수) 木(목) 金(김) 土(토) 日(일)"
그러자 둘째가 막내를 비웃으며,
"이 바보야! '김'이 아니라 '금'이잖아. 月(월)
火(화) 水(수) 木(목) 金(금) 土(사) 日(일)"
그러자 첫째가 둘째의 뒤통수를 때리며 말했다.
"이 멍청아! '사'가 아니라 '토'야. 月(월) 火(화)
水(수) 木(목) 金(금) 土(토) 日(왈)"
이 광경을 보고 있던 아버지가 혀를 끌끌 차며
말했다.
"너희들, 한자 실력이 왜 그 모양이냐?
당장 가서 玉篇(왕편) 좀 가져와!"

*金 : '쇠 금' 외에 '성 김'으로도 새김.
*士 : 선비 사. 土(흙 토)와 모양이 비슷함.
*曰 : 가로 왈. 日(날 일)과 모양이 비슷함.
*玉 : 구슬 옥. 王(임금 왕)과 모양이 비슷함.

행·복·한·웃·음·바·다·유·머·뱅·크

와글바글 동물유머

-동물 친구들처럼 마음 놓고 실컷 웃어 보자.-

개와 달리기를 하면 안 되는 이유

개하고 달리기를 해서 이길 경우,
"개보다 더한 놈!"

질 경우,
"개보다도 못한 놈!!"

비길 경우,
"개 같은 놈!!!"

달리기를 하다 중도에 포기할 경우,
"개새끼!!!"

와·글·바·글·동·물·유·머

노래도 노래 나름

어떤 남자가 노래만 나오면 신나게 춤춘다는 원숭이를 비싼 값에 구입했다. 설레는 마음으로 집에 돌아온 남자는 우렁차게 노래를 불렀다.
"원숭이 엉덩이는 빨개. 빨가면 사과, 사과는 맛있어. 맛있으면 바나나……."
하지만 노래가 다 끝나도록 원숭이는 춤을 출 생각조차 하지 않았다.
남자는 화가 나서 소리쳤다.
"야! 왜 노래를 불러도 춤을 추지 않는 거야?"
그러자 원숭이가 어이없다는 표정으로 말했다.
"주인님은 애국가 나올 때도 춤을 추십니까?"

와·글·바·글·동·물·유·머

과대망상 참새

이른 아침, 참새 한 마리가 먹을 것을 발견하고 쏜살같이 날아가다 오토바이에 치여 정신을 잃고 쓰러졌다.

오토바이 주인은 참새를 정성껏 치료하고 새장 안에 넣어 주었다.

얼마 후, 정신을 차린 참새가 말했다.

"이런, 젠장! 내가 오토바이 운전사를 치어 죽인 모양이군. 이렇게 철창에 갇힌 걸 보니……."

와·글·바·글·동·물·유·머
기도하는 호랑이

어떤 목사가 호랑이에게 쫓기고 있었다. 목사는 죽을힘을 다해 뛰었지만, 얼마 가지 못해 호랑이에게 잡히고 말았다.

목사는 기도를 하기 시작했다.

"하느님, 저를 불쌍히 여기시어 이 호랑이를 크리스천으로 만들어 주십시오."

그러자 호랑이가 갑자기 무릎을 꿇더니 기도를 하는 것이 아닌가?

목사는 이제 살았구나 싶어 감사 기도를 올리기 시작했다.

그런데 옆에서 호랑이의 기도 소리가 들려왔다.

"하느님, 오늘도 저희에게 일용할 양식을 주옵시고…… 감사합니다. 아멘~"

와·글·바·글·동·물·유·머

겁나게 빨라!

한 남자가 스포츠카를 몰고 시골길을 달리고 있었다. 빠르게 달리던 남자는 뒤에서 엄청난 흙먼지를 일으키며 무언가가 다가오는 것을 보았다.
놀랍게도 닭이었다. 그는 닭에게 질 수 없다는 생각에 차의 속도를 최대한 높였다.
그러나 그 닭은 엄청 빨랐다. 차 옆으로 다가와 그를 힐끔 보더니 어느새 저 멀리 사라져 버렸다.
남자는 수소문 끝에 닭의 주인을 찾아갔다.
"그 닭을 나한테 파세요. 값은 잘 쳐 드릴게요."
하지만, 주인이 고개를 가로저었다.
"다섯 배로 드릴게요."
주인은 잠깐 마음이 흔들리는 듯했으나 또 고개를 저었다.
남자가 약이 올라서 소리쳤다.
"도대체 안 파는 이유가 뭐요? 이유라도 압시다!"
그러자 주인이 말했다.
"잡혀야 팔지요."

거짓말쟁이 아빠

와·글·바·글·동·물·유·머

아따, 왜 그런다요!

미국에 잠시 다녀온 개구리가 영어 실력을 뽐내고 싶어 안달이 났다.
마침 소 한 마리가 개구리 앞을 지나갔다.
"헤이, 소. 너는 무얼 먹고 사니?"
"풀을 먹고 살아."
"오우, 샐러드!"
이번에는 호랑이를 만났다.
"헤이, 호랑이. 너는 무얼 먹고 사니?"
"고기를 먹고 살아."
"오우, 스테이크!"
자신의 영어 실력에 만족한 개구리가 폴짝폴짝 뛰어다니는데 풀섶을 헤치며 뱀이 나타났다.
"헤이, 뱀. 너는 무얼 먹고 사니?"
"너처럼 혀 꼬부라진 개구리를 먹고 산다, 왜?"
뱀은 대답과 동시에 개구리 쪽으로 혀를 내밀었다.
개구리는 번개같이 뒤로 물러서며 소리쳤다.
"아따, 성님 왜 그런다요!"

와·글·바·글·동·물·유·머

눈물 나게 착한 곰

한 소년이 깊은 산속을 걷고 있었다. 안 그래도 무서움에 떨고 있는 소년 앞에 커다란 곰 한 마리가 나타났다.

소년은 곰이 나타났을 때 죽은 척해서 살았다는 옛날이야기를 떠올렸다. 그래서 그 자리에 쓰러져 죽은 척했다.

하지만 그 곰은 천사처럼 착한 곰이었다.

"아이고, 불쌍해라. 누군지 모르지만 내가라도 묻어 줘야겠다."

곰은 그 소년을 양지바른 곳에 정성껏 묻어 주었다.

 깜깜하면 밤

와·글·바·글·동·물·유·머

신기한 강아지

어느 회사에서 구인 광고를 냈다.

'워드 분당 300타가 가능한 자, 2개 국어에 능통한 자, 그 밖에는 자격 조건 없음'

강아지 한 마리가 회사 문을 두드렸다. 면접관이 강아지는 회사원이 될 수 없다고 말하자, 강아지가 '자격 조건 없음'이라는 구절을 가리켰다.

할 수 없이 워드 능력을 테스트해 보니, 강아지는 분당 400타를 간단하게 해냈다.

그리고 다 했다는 뜻인지 "멍멍!" 하고 짖었다.

면접관은 어이가 없어 말했다.

"하지만 넌 2개 국어를 할 수 없잖아."

그러자 강아지가

"야옹~"

강아지는 그 회사에 무난히 입사했다.

와·글·바·글·동·물·유·머

굶어 죽은 호랑이

호랑이 한 마리가 어슬렁어슬렁 먹이를 찾아다니다 낮잠을 자고 있는 토끼를 한번에 낚아챘다.
깜짝 놀라 눈을 뜬 토끼 왈,
"이거 놔, 임마!"
뜻밖의 반응에 넋이 나간 호랑이는 토끼를 놓아주고 말았다.
다음 날, 다시 먹잇감을 찾던 호랑이는 또 토끼를 발견하고 단번에 낚아챘다.
그러자 토끼 왈,
"나야, 임마."
충격에 휩싸인 호랑이는 그 토끼를 다시 놓아주었다. 그러고는 다시는 이런 실수를 하지 않겠다고 단단히 마음먹었다.
다음 날, 이번에는 검은 토끼를 잡았다. 틀림없이 어제 그 토끼가 아니었다.
그런데 검은 토끼 왈,
"염색했어, 임마."

당황한 호랑이는 검은 토끼를 놓아주었다.
이제 배가 등짝에 붙은 호랑이는 아무거나 걸려라
하는 마음으로 지나가는 사슴을 잡았다.
호랑이가 주린 배를 채우려고 하는 찰나, 사슴이
말했다.
"소문 다 났어, 임마."
호랑이는 결국 굶어 죽고 말았다.

호랑이에게 물려 가도 정신만 차리면 삽니다.ㅋㅋ

와·글·바·글·동·물·유·머

별꼴 다 보겠네

몸집이 거대한 코끼리가 낮잠을 자고 있었다.
"야, 이거 등산하는 데 딱인데."
쪼끄만 개미가 등산을 하겠다며 잠자는 코끼리 위로 올라갔다.
등이 근질근질해서 잠을 깬 코끼리가 말했다.
"야, 무거워. 당장 내려와."
그러자 개미가 앞발을 번쩍 들더니 말했다.
"조용히 해, 임마. 콱 밟아 뭉갠다."
이 광경을 지켜보던 하루살이가 중얼거렸다.
"참, 오래 살다 보니 별꼴을 다 보겠네."

와·글·바·글·동·물·유·머

마음 착한 거북이

메뚜기가 강을 건너려고 강가에 서 있었다. 그런데 강물이 너무 깊어 건너갈 엄두가 나지 않았다. 바로 그때 거북이가 나타났다.
"걱정 마, 내가 태워 줄게."
"정말? 고마워."
메뚜기는 마음씨 착한 거북이의 등에 올라 무사히 강을 건넜다.
그때 개미 한 마리가 강을 건너지 못해 쩔쩔매고 있는 것이 보였다.
착한 거북이가 그 개미에게 말했다.
"개미야, 걱정 마. 내가 태워 줄게."
"정말? 고마워."
개미가 거북이 등에 타려고 하는데 옆에서 메뚜기가 가쁜 숨을 몰아쉬며 말했다.
"야, 타지 마! 쟤 잠수해."

`와·글·바·글·동·물·유·머`

니들이 그 맛을 알아?

오로지 벌만 잡아먹고 사는 개구리가 있었다.
파리를 잡아먹고 사는 다른 개구리들이 하도 궁금해서 물었다.
"너는 맛있는 파리를 놔두고, 왜 남들이 쳐다보지도 않는 벌만 잡아먹니?"
그러자 개구리가 자랑스럽게 말했다.
"톡 쏘는 그 맛을 니들이 알아?"

`와·글·바·글·동·물·유·머`

결혼도 수준이 맞아야지

멸치와 문어가 사랑에 빠져 부모님께 결혼을 허락해 달라고 했다.
그러자 멸치 아버지가 버럭 화를 냈다.
"그런 뼈대 없는 집안과는 사돈 맺을 수 없다."

*소금물 속에 오래 있으면 삼투 현상으로 쭈글쭈글해진다.

와·글·바·글·동·물·유·머

수사자가 무서워하는 것

유치원 꼬마들이 서울 대공원에 견학을 가 사파리 버스를 탔다.
아이들은 창가에 붙어 사나운 짐승들을 구경하며 소리를 지르고 손뼉을 치고 야단법석을 떨었다.
마침 수사자 한 마리가 멈춰 선 사파리 버스로 다가와 버스 유리창에 붙어서 안을 들여다보았다.
아이들이 공포에 사로잡혀 발을 동동 구르며 소리를 질러 댔다.
그때 앳되어 보이는 예쁘장한 교사가 물었다.
"얘들아, 수사자가 무서워하는 게 뭘까?"
아이들은 서로 얼굴을 보며 대답을 하지 못했다.
사자는 동물의 왕이고, 수사자는 특히 사납다는 정도는 아이들도 다 알고 있었기 때문이다.
그때 버스 구석에 앉아 있던 늙수그레한 아저씨가 말했다.
"암사자요! 난 우리 마누라가 세상에서 제일 무섭거든. 사자라고 다르겠소?"

와·글·바·글·동·물·유·머

제일 싫어하는 것

깊은 산속에 사는 늑대가 꼬박 이틀을 굶은 끝에 사냥에 나섰다.
때마침 사슴이 눈에 띄었다.
"야들야들하고 몸에 좋은 사슴 고기로구나. 난 이 세상에서 사슴이 제일 좋아."
"잠깐만요! 늑대님께서 제일 싫어하시는 게 무엇인가요?"
"그야 예의 없는 것들이 제일 싫지!"
그러자 사슴이 땅에 침을 퉤 뱉더니 말했다.
"어딜 똑바로 쳐다봐? 나이도 어린 놈이!"

와·글·바·글·동·물·유·머

개 훈련 시키는 법

어느 나라 왕이 개를 키우고 있었다.
이 개가 할 줄 아는 것은 고개를 '끄덕끄덕' 하는 것뿐이었다. 그래서 왕은 이 개에게 '도리도리'를 가르치는 사람에게 큰 상을 내리기로 했다.
수많은 사람들이 왕궁으로 모여들었다. 하지만, 아무도 개에게 '도리도리'를 가르치지 못했다.
뒤늦게 도착한 한 남자가 왕에게 말했다.
"전하, 저는 이 개에게 '도리도리'를 가르칠 자신이 있사옵니다."
그러더니 가방에서 벽돌을 꺼내 개에게 던졌다. 개는 깨갱거리며 왕 뒤로 숨었다.
그 남자가 개에게 물었다.
"또 맞을래?"
그러자 개가 '도리도리'를 했고, 남자는 큰 상을 받았다.
그러나 이 일이 있고 며칠 뒤부터 부작용이 생겼다. 그 개가 이제는 '도리도리'만 하는 것이었다.

왕은 다시 명을 내렸다.
이 개에게 '끄덕끄덕'을 가르치는 사람에게 '도리도리' 때보다 더 큰 상을 내리겠다고.
수많은 사람이 도전했으나 실패하고 또 그 남자가 도전해 보겠다고 나섰다.
그는 단 한마디를 던지고 더 큰 상을 받고 유유히 사라졌다.
그 남자의 한마디,
"너, 나 알지?"

진작 자백할걸

와·글·바·글·동·물·유·머

비둘기의 과거와 현재

* '탁' 하고 발소리를 내면
과거 : 휙 날아올랐다.
현재 : 휙 고개를 돌려 쳐다본다.

*별명
과거 : 평화의 상징
현재 : 닭둘기

*자동차가 지나갈 때
과거 : 멀리서 자동차 소리가 들리면 재빨리 날아올랐다.
현재 : 가까이 올 때까지 기다렸다가 뒤뚱뒤뚱 걸어서 피한다.

*먹을 것에 대한 집착
과거 : 모이를 주면 모여든다.
현재 : 모이를 달라고 모여든다.

와·글·바·글·동·물·유·머

미친개 값

한 남자가 차를 타고 시골길을 달리다 개를 치었다. 남자는 깜짝 놀라 차를 세우고 밖으로 나갔다. 맙소사! 축 늘어진 개 옆에 주인인 듯한 농부가 총을 들고 서 있었다.

남자는 최대한 공손하게 농부에게 말했다.

"죄송합니다. 사냥개인가 본데 비싼가요?"

"……."

"충격이 크시겠지요. 50만 원이면 될까요?"

"……."

"100만 원 드리지요. 제가 가진 돈 전부입니다."

"……."

남자는 가진 돈을 몽땅 농부에게 주고 차를 몰기 시작했다.

그때 농부가 고래고래 소리를 지르며 집 쪽으로 달려가는 모습이 백미러에 잡혔다.

"여보! 어떤 한심한 사람이 내가 쏘려던 미친개를 죽이고 100만 원을 주고 갔어!"

와·글·바·글·동·물·유·머

흙투성이 토끼

우리 집 강아지가 웬 토끼를 물고 왔다. 토끼는 흙투성이로 죽어 있었다. 자세히 보니 옆집 아이가 매우 아끼는 애완용 토끼 아닌가.

'헉! 이거 큰일 났네. 옆집 꼬마가 애지중지하는 토끼잖아. 옆집에서 우리 강아지가 토끼를 물어 죽인 걸 알면 난리 나겠는데.'

나는 흙투성이 토끼를 깨끗이 씻어 옆집에 슬그머니 갖다 놓았다.

다음 날 아침, 옆집에서 '악!' 하는 비명 소리가 들렸다.

나는 시치미를 뚝 떼고 옆집으로 가 보았다.

옆집 주인이 기가 차다는 듯이 말했다.

"어떤 미친 놈이 며칠 전에 죽어서 화단에 묻은 토끼를 깨끗이 씻어다 문 앞에 갖다 놨지 뭐요."

와·글·바·글·동·물·유·머
바람난 암탉

어느 농부네 집에 금실 좋은 암탉과 수탉이 살고 있었다.
어느 날 아침, 주인이 닭장에 가 보니 수탉이 암탉을 사정없이 쪼아 대고 있었다.
"그만! 그만둬! 그러다 암탉 죽어!"
주인이 닭장 밖에서 아무리 소리를 질러도 수탉은 아랑곳하지 않았다.
보다 못한 주인이 닭장 안으로 들어가 수탉을 밖으로 쫓아냈다.
축 늘어진 암탉을 감싸 안던 주인은 암탉을 도로 바닥에 내동댕이쳤다. 왜?
달걀보다 크고 단단한 오리알이 둥지 안에 놓여 있었기 때문이다.

와·글·바·글·동·물·유·머

독수리보다 빠른 새

4살 먹은 아들이 엄마에게 물었다.
"엄마, 세상에서 가장 빠른 새가 뭐예요?"
"음, 그야 독수리지."
그때 하늘에 제트기가 날아가고 있었다.
"엄마, 저건 뭐야? 독수리보다 훨씬 더 빠른데?"
그러자 엄마가 빙긋이 웃으며 말했다.
"똥구멍에 불 붙이면 뭐는 안 빠르겠니."

출생의 비밀

어느 날, 새끼 오리가 엄마 오리에게 물었다.
"엄마, 나 엄마 아들 맞아?"
"그럼, 내가 낳았지."
"정말 엄마 아들 맞지?"
"그렇다니까."
새끼 오리가 다시 물었다.
"근데 엄마, 아빠는 온몸이 흰색인데 나는 왜 파란색이야?"
깜짝 놀란 엄마 오리가 새끼 오리의 입을 막으며 말했다.
"쉿! 조용히 해. 너희 아빠 색맹이야."

번뻔만화

빌붙어 살지 마

와·글·바·글·동·물·유·머

김밥 절대 사수!

봄이 되어 날씨가 풀리자, 거북이 세 마리가 김밥을 싸 들고 소풍을 갔다. 재미있게 놀다가 김밥을 먹으려고 보니 음료수가 없었다.
옥신각신하다 가위바위보에서 진 꼬북이가 물을 뜨러 가게 되었다.
꼬북이는 자기가 없는 사이에 나머지 두 마리가 김밥을 먹으면 어쩌나 걱정이 되었다.
"너희들, 나 올 때까지 김밥 절대로 먹지 마!"
두 마리의 거북이는 꼬북이를 기다렸다.
한 시간, 두 시간, 세 시간…….
아무리 기다려도 꼬북이가 돌아오지 않자, 두 거북이는 김밥을 집어 들었다.
그 순간, 바위 뒤에서 꼬북이가 나오며 말했다.
"잠깐! 너희들, 그런 식으로 나오면 나, 절대로 물 뜨러 안 간다."

행·복·한·웃·음·바·다·유·머·뱅·크

재기발랄 유머학교

-유머 잘하는 학생이 인기도 많다.-

재·기·발·랄·유·머·학·교

고래 잡은 초등학생

중간 고사를 앞둔 한 대학생이 전동차를 타고 등교하고 있었다. 운 좋게도 자리가 있어 책을 펼쳐 들었다.

그런데 아무래도 왼쪽 허벅지에 힘이 실리는 듯한 느낌이 들었다. 웬일인가 싶어 왼쪽으로 고개를 돌려 보니, 머리에 피도 안 마른 초딩 녀석이 다리를 있는 대로 벌린 채 두 명이 탈 수 있는 자리를 혼자서 독차지하고 있지 않은가. 앞에는 자리를 찾지 못한 사람이 꽤 여럿 서서 가고 있었다.

나름 정의의 사도인 이 대학생, 문제의 초딩을 응징하기로 했다.

헙! 대학생은 헛기침을 한 다음 있는 힘껏 다리를 벌렸다. 그런데

'어허, 이 녀석 봐라!'

초딩 녀석이 다리를 오므리기는커녕 젖 먹던 힘까지 짜내며 다리를 더 벌리는 게 아닌가.

대학생은 오기가 발동하여 사력을 다해 가랑이를

찢었다. 그러자 드디어 초딩 녀석의 다리가 밀리는
듯했다. 대학생은 회심의 미소를 지었다.
바로 그때 초딩 녀석이 벌떡 일어나 말했다.
"형도 고래 잡았어요?"

*포경(包莖) 수술의 포경과 포경(捕鯨_고래를 잡음)의 음이 같은 데서, '고래를 잡는다'는 표현을 쓰기도 한다.

재·기·발·랄·유·머·학·교

대학의 자랑거리

'서울대는 좋겠다. 서울 대공원도 있고.'

이 글을 본 네티즌의 댓글

1. 미친. 서울대랑 서울 대공원이랑 무슨 상관이야?
2. 재밌다. 하이 개그요.
3. 우리에겐 연세 우유가 있잖소!
4. 고대 불쌍하오. 아무것도 없으니…….
5. 고대엔 고려장이 있잖소.
6. 흠, 서강대는 서강 대교를 가지고 있소.
7. 홍익대는 홍익 문고. 그럼 중앙댄 중앙 박물관?
8. 건국대는 건국 우유. 세종대는 세종 대왕 동상과 세종 문화 회관을……. 교육대는 삼청 교육대?
9. 그럼 경찰대는 경찰청?
10. 홍대는 홍익회가 전국 철도를 꽉 잡고 있소.
11. 그렇게 따지면 강남은 강남대 거네요.
12. 그럼 경기도는 경기대 거냐?
13. 헉, 그럼 우리나라 국민은 모두 국민대생?

*삼청 교육대 : 1980년 사회 정화책의 일환으로 군부대 내에 설치한 기관. '순화 교육'이란 이름 아래 인권 유린이 자행되었다.

재·기·발·랄·유·머·학·교

그럴싸한 소설 제목

소설 창작을 가르치는 교수가 학생들에게 과제를 냈다. '귀족적'이면서도 '성적'인 소설을 써 오라는 것이었다.
며칠 후 어느 학생이 제출한 소설의 제목.
'공주님이 임신했다'
기가 막힌 교수는 소설에 'SF적 요소'를 더해 오라고 했다. 그러자 그 학생은 이렇게 적어 냈다.
'별나라 공주님이 임신했다'
화가 난 교수가 다시 '미스터리 요소'를 더해 오라고 했다. 그 학생이 다시 제출한 소설 제목.
'별나라 공주님이 임신했다. 누구의 아이일까?'
화가 머리끝까지 난 교수는 소설에 '종교적 요소'를 더해 오라고 했다.
회심의 미소를 지으며 문제의 학생을 기다리던 교수는 뒤로 나동그라지고 말았다.
'별나라 공주님이 임신했다. Oh, My God! 누구의 아이일까?'

재·기·발·랄·유·머·학·교
어디가 미달?

과로사한 고3 수험생이 염라대왕 앞에 갔다.
염라대왕은 죽도록 공부만 하다 죽은 학생이 불쌍해서 천국에 보내 주기로 했다.
"네 운명이 정말 가엾구나. 천국도 여러 종류가 있는데, 어디로 가고 싶으냐?"
고3 수험생은 잠시 고민하더니 말했다.

"어디가 미달이에요?"

재·기·발·랄·유·머·학·교
미술가와 음악가

학교에서 돌아온 미나가 엄마에게 물었다.
"엄마! 엄마는 미술가가 좋아, 음악가가 좋아?"
엄마는 잠시 동안 생각하더니 웃으며 대답했다.
"둘 다 좋지."
그러자 미나가 자랑스럽게 성적표를 꺼내 들었다.

'미술 - 가, 음악 - 가'

뻔뻔만화

온천수

물속에 함부로 방뇨하지 맙시다. 수온이 올라갑니다.

재·기·발·랄·유·머·학·교

수놈이 암놈으로 변했다!

시골의 초등학교 교사인 나는 아이들이 모두 집에 돌아간 오후, 동물 사육장을 둘러보았다.
귀여운 동물들이 눈을 동그랗게 뜨고 나를 바라보았다. 그중 유난히 귀여워 보이는 햄스터가 눈길을 끌어, 그놈을 끄집어내어 톡톡 건드렸다. 그러자 이놈이 내 손가락을 무는 것이 아닌가.
"아앗!"
나도 모르게 햄스터를 바닥에 동댕이치고 말았다. 햄스터는 그 자리에서 눈을 감았다.
나는 시장으로 달려가 비슷하게 생긴 햄스터를 구해다 넣었다. 아이들이 실망할 것이 염려되었기 때문이다.
그리고 안도한 것도 잠시, 며칠 후 어느 아이의 관찰 일기를 보고 다시 고민에 빠졌다.

'X월 X일 날씨 맑음
내 햄스터가 이상하다. 매일 먹이를 줬을 때는 괜찮았는데 하루 굶겼더니 암놈으로 변했다.'

재·기·발·랄·유·머·학·교

'도'를 아십니까?

고등학생으로 보이는 한 남학생이 서점 구석에서 '도'에 관한 책을 보고 있었다. 멀리서 학생을 지켜보던 한 중년 남자가 다가와 물었다.
"도를 아십니까?"
"넌 아니?"
"보아하니 나이도 어린 것 같은데, 어른한테 그렇게 반말을 하시면 됩니까?"
"내 마음이지."
"허~참, 그래도 그런 것이 아니지요."
"남이야 반말을 하든 말든."
중년 남자는 마침내 폭발했다.
"얌마! 집에 가면 너만 한 아들이 있어! 어디서 반말이야?"
그러자 학생이 공손하게 말했다.
"아직 수행이 부족하시군요."

재·기·발·랄·유·머·학·교

무서운 할머니

자율 학습이 끝나고 학교를 나서는데, 교문 앞에서 할머니가 연습장을 팔고 있었다.
마침 연습장을 다 썼던 터라 나는 할머니에게 다가갔다.
"할머니, 이 연습장 얼마예요?"
"1,000원."
"한 권 주세요."
연습장을 건네주던 할머니가 갑자기 내 팔을 잡더니 진지한 얼굴로 말했다.
"연습장 뒤는 보지 마. 특히 밤에 혼자 있을 때."
약간 마음에 걸리기는 했지만, 할머니가 그냥 해 보는 말씀이겠거니 생각하고 집으로 돌아왔다.
그러나 영 기분이 찜찜했다. 연습장 뒤에 무엇이 있길래 그러셨지?
궁금함을 참지 못한 나는 연습장의 뒷면을 보았다.
맙소사!
'값 500원.'

재·기·발·랄·유·머·학·교
밥통 두 개

한 초등학교 1학년 수학 시간.
선생님이 진기에게 문제를 냈다.
"1 더하기 1은 얼마지?"
"잘 모르겠는데요."
"으이그, 이 밥통아. 이렇게 간단한 계산도 못하니? 그러니까 너하고 나를 합치면 얼마가 되느냔 말이야."
그러자 진기가 손뼉을 치며 말했다.
"아! 그거 쉽네요."
"그래, 얼마니?"
진기가 자신 있게 대답했다.
"밥통 두 개요!"

재·기·발·랄·유·머·학·교
삼각자 하나 주세요

학교 앞 문방구에 초등학생 3명이 들어왔다.
첫 번째 아이가 주인에게 말했다.
"아저씨, 삼각자 하나만 주세요."
삼각자를 제일 위의 선반에 두었던 주인은 사다리를 가져다 세워 놓고 끙끙거리며 올라가 삼각자를 꺼내 주었다.
주인이 두 번째 학생에게 물었다.
"넌 뭘 줄까?"
"저도 삼각자 하나만 주세요."
주인은 다시 사다리를 가져다 삼각자를 꺼내 줄 생각을 하니 눈앞이 캄캄했지만 하는 수 없었다.
사다리를 타고 올라간 아저씨는 아예 세 번째 아이에게 물었다.
"너도 삼각자 하나 살 거니?"
"아니요."
주인은 얼른 사다리를 내려와 제자리에 옮겨 놓고 물었다.

"그럼 뭐가 필요하니?"
그러자 아이가 상냥한 목소리로 대답했다.
"저는 삼각자 두 개 주세요."

재·기·발·랄·유·머·학·교
국민학생 vs 초등학생

*그들의 장래 희망
국민학생 : 대통령, 의사, 변호사
초등학생 : 운동선수, 연예인, 프로게이머

*야단맞은 후의 반응
국민학생 : 구석에 쪼그리고 앉아 훌쩍이며 운다.
초등학생 : ㅂ(-_-)ㅂ 즐~

*가장 무서운 벌
국민학생 : (팬티만 입힌 채) "나가!"
초등학생 : "너 오늘부터 컴퓨터 하지 마!"

*방과 후에는
국민학생 : 어머니 가사일을 도와드린다.
초등학생 : 엄마가 학교 숙제를 도와준다.

*맞춤법에 대한 생각
국민학생 : 당연히 바르게 써야 한다.

초등학생 : 구게 뭐에염? ㅋㅋㅋ

*가장 좋아하는 음식
국민학생 : 자장면
초등학생 : 햄버거, 피자, 스파게티

*선물받고 싶은 것
국민학생 : 인형, 로봇
초등학생 : 휴대 전화, 게임기

*성(性)적인 호기심
국민학생 : 성인 잡지 보다가 들켜서 혼난다.
초등학생 : 고화질&풀버전 찾아다닌다.

*출생에 관한 의문
국민학생 : 엄마 배꼽에서 태어난 줄 안다.
초등학생 : 나도 제왕 절개했을까?

*예전에는 초등학교를 '국민학교' 라고 했다.

재·기·발·랄·유·머·학·교

왕비병에 걸린 엄마

왕비병이 심각한 엄마가 초등학생 아들과 함께 간식을 먹고 있었다.

"아들, 엄마는 얼굴도 예쁜데 요리도 잘해. 이걸 사자성어로 하면 뭘까?"

엄마가 기대한 답은 '금상첨화'였다.

아들이 손뼉을 치며 대답했다.

"자화자찬!"

"아니, 그거말고 다른 거."

"과대망상?"

약간 화가 난 엄마. 하지만 아들에게 힌트를 줘 정답을 유도하기로 했다.

"아니, '금'자로 시작하는 건데······."

아들은 잠시 고민하더니 활짝 웃는 얼굴로 말했다.

"아~ 금시초문!"

---

*금상첨화(錦上添花)_좋고 아름다운 것에 더 좋고 아름다운 일이 더하여짐.
*자화자찬(自畵自讚)_제 일을 제 스스로 자랑함.
*과대망상(誇大妄想)_턱없이 과장하여 엉뚱하게 생각함.
*금시초문(今始初聞)_이제야 비로소 처음으로 들음.

재·기·발·랄·유·머·학·교

똑똑한 아이

한 초등학교 교실. 선생님이 세계 지도를 걸어 놓고 수업을 하고 있었다.
"아메리카가 어디 있는지 아는 사람?"
똑똑한 세경이가 손을 들었다.
"그래, 이리 와서 손으로 가리켜 보렴."
세경이가 아메리카를 가리키고 들어가자, 선생님이 다시 물었다.
"그래, 맞아. 그럼 아메리카는 누가 발견했을까? 아는 사람?"
아무도 손을 들지 않고 있는데, 종현이가 손을 번쩍 들었다.
"그래, 종현아. 아메리카는 누가 발견했을까?"
종현이는 자신만만하게 외쳤다.

"세경이요!"

재·기·발·랄·유·머·학·교
TV를 너무 봐서

한 초등학교 역사 시험에 다음과 같은 문제가 출제되었다.
'조선 시대 신분 계급 중 가장 낮은 계급은?'
이 문제의 답은 천민(賤民)이었다.
선생님은 대부분의 학생들이 답을 맞힌 것을 보고, '요새 인기 있는 사극 드라마 한 편만 봐도 답을 맞힐 수 있겠지.' 하고 고개를 끄덕였다.
그러나 다음 학생의 답안지를 채점하던 선생님은 뒤로 넘어갔다.
그 학생이 적어 놓은 답.
'쇤네'

재·기·발·랄·유·머·학·교
할머니의 교가

80살 할머니들의 동창회가 있었다.
할머니들은 맛있게 식사를 하고 옛 추억에 잠겨 이야기꽃을 피웠다.
느닷없이 한 할머니가 말했다.
"얘들아, 우리 이렇게 모였으니 교가나 부르자."
다른 할머니들이 깜짝 놀라며 말했다.
"아니, 여태껏 교가를 잊지 않고 있었어?"
"우린 다 잊어버렸는데 너 총기 한번 좋다. 어서 일어나서 불러 봐."
그러자 할머니가 자리에서 일어나 노래를 부르기 시작했다.
"동해물과 백두산이 마르고 닳도록
하느님이 보우하사 우리나라 만세~"
그러자 할머니들이 박수를 치며 칭찬했다.
"얘는 학교 다닐 때 공부를 잘해서 그런가 기억력도 엄청 좋네."
집에 돌아온 할머니는 기분이 좋아 할아버지에게

오늘 있었던 일을 이야기했다.
할머니가 교가를 기억하고 있는 데 깜짝 놀란 것은 할아버지도 마찬가지였다.
"할멈, 정말 대단하네. 어디 한번 불러 봐요."
할머니는 자리에서 일어나 손을 모으고 교가를 부르기 시작했다.
"동해물과 백두산이 마르고 닳도록~"
그러자 할아버지가 고개를 갸우뚱거리며 말했다.
"어, 이상하네. 우리 학교 교가랑 비슷해."

재·기·발·랄·유·머·학·교

재밌고 기발한 답들

A 중학교 국어 시험

문제 : 내가 (   ) 돈은 없을지라도 마음만은 부유하다.

정답 : 비록

기발한 답 : 내가 (씨발) 돈은 없을지라도 마음만은 부유하다.

B 중학교 가정 시험

문제 : 찐 달걀을 먹을 때는 (   )을 치며 먹어야 한다.

정답 : 소금

기발한 답 : 찐 달걀을 먹을 때는 (가슴)을 치며 먹어야 한다.

C 고등학교 생물 시험

문제 : 곤충은 머리, 가슴, (   )로 나누어져 있다.

정답 : 배

기발한 답 : 곤충은 머리, 가슴, (으)로 나누어져 있다.

D 초등학교 글짓기 시험

문제 : "( )라면 ( )겠다."를 사용해 완전한 문장을 만들어 보세요.

정답 : "(내가 부자)라면 (가난한 사람들을 도와주)겠다." 등등

기발한 답 : "(컵)라면 (맛있)겠다."

E 초등학교 체육 시험

문제 : 올림픽의 운동 종목에는 ( ), ( ), ( ), ( )가 있다.

정답 : (육상), (수영), (체조), (권투) 등등

기발한 답 : 올림픽의 운동 종목에는 (여), (러), (가), (지)가 있다.

F 초등학교 과학 시험

문제: 개미를 세 부분으로 나누면 ( ), ( ), ( )

정답 : (머리), (가슴), (배)

기발한 답: 개미를 세 부분으로 나누면 (죽), (는), (다)

재·기·발·랄·유·머·학·교

어떻게 나눌까요?

어느 초등학교 수학 시간.
선생님이 미선이에게 물었다.
"미선아, 숫자 8을 둘로 나누면 뭐가 되지?"
"가로로 나눌까요, 세로로 나눌까요?"
"둘로 나누라는데, 그건 또 무슨 말이니?"
"세로로 나누면 3이 되고, 가로로 나누면 0이 되니까요."

재·기·발·랄·유·머·학·교
전 못 갈 것 같아요

교회에서 설교를 끝낸 목사님이 아이들을 둘러보며 물었다.
"천당에 가고 싶은 친구들은 손을 들어 보세요."
그러자 아이들이 너나없이 저요! 저요! 하면서 손을 들었다.
그런데 유독 한 어린이만 손을 들지 않았다.
의아하게 여긴 목사님이 물었다.
"애야, 넌 천당에 가고 싶지 않니?"
그러자 그 어린이가 시무룩한 표정으로 말했다.
"저는 못 갈 것 같아요. 엄마가 교회 끝나고 바로 학원에 가라고 했거든요."

재·기·발·랄·유·머·학·교

반가운 나머지…

철이 엄마가 오랜만에 모교를 찾았다.

옛 추억을 떠올리며 학교를 둘러보던 철이 엄마가 화장실 옆을 지나는데 어디서 본 듯한 사람이 담배를 피우고 있었다. 아마 동창생일 것이라 생각한 그녀는 너무나 반가운 나머지 쏜살같이 달려가 그 사람의 뒤통수를 내리쳤다.

"야! 너무 반갑다. 근데 너 많이 늙었구나. 길 가다 보면 못 알아보겠는데?"

그러자 그 사람이 뒤통수를 주무르며 돌아봤다.

"이것아, 난 네 담임이었어."

재·기·발·랄·유·머·학·교

유치원생의 해킹 실력

유치원에 다니는 동생이 초등학생 형을 졸랐다.
"형, 나도 게임 한 번만 하게 해 줘잉~"
"헐~ 유치원 다니는 주제에 웬 게임? 넌 아직 멀었어, 임마."
동생은 화가 났지만 꾹 참았다.
며칠 후, 동생은 형이 게임을 하는 모습을 엿보며 비밀번호를 알아냈다.
동생은 부리나케 옆집 친구에게 달려갔다.
"비밀번호 알아냈어. 빨리 게임하자."
동생이 들고 온 메모지에는 이렇게 적혀 있었다.
'******'

나만 당할 수 없지

재·기·발·랄·유·머·학·교

전 반장인데요

한 고등학교의 야간 자율학습 시간.
아이들이 공부하는 모습을 보기 위해 선생님이 교실을 찾았다. 그런데 한 학생이 껌을 씹고 있었다.
선생님이 그 학생에게 물었다.
"너 입안에 뭐야?"
자기를 부르는 것을 모르는지 그 아이는 껌을 씹으며 계속 공부를 했다.

화가 난 선생님이 그 아이를 가리키며 소리쳤다.
"너 입안에 뭐냐니까!"
그제야 선생님을 쳐다본 학생, 영문을 모르는 듯 바라보다가 대답했다.

"전 이 반(입안) 반장인데요."

재·기·발·랄·유·머·학·교

주번 나와라

아침 조회 시간.
선생님이 교실에 들어서니 교실이 매우 더러웠다.
화가 난 선생님이 말했다.
"주번 나와!"
한 아이가 앞으로 나섰다. 그러자 선생님이 그 아이의 머리에 꿀밤을 먹였다.
아이가 억울한 듯 말했다.
"선생님, 왜 때리시는 거예요?"
"아니, 이유도 모른단 말야? 더 맞아라."
더 화가 난 선생님은 몇 대 더 꿀밤을 먹였다.
아이는 울음을 터뜨렸고, 뒤쪽에서 한 아이가 일어나 말했다.
"선생님, 주번은 전데요."
깜짝 놀란 선생님이 울고 있는 아이에게 물었다.
"그럼 넌 왜 나왔어?"
그러자 아이가 말했다.
"선생님이 구번 나오라고 하셨잖아요."

재·기·발·랄·유·머·학·교

아들의 성적표

아들의 성적표를 보던 아버지가 고민에 빠졌다.
아들의 성적은 '가, 가, 가, 가, 미, 가, 가, 가, 가'. 차마 눈뜨고 볼 수 없는 성적이었다.
아버지가 아들을 방으로 불러 앉히더니 오랜 침묵 끝에 입을 열었다.
"아들아, 너무 한 과목에만 치중해서 공부하지 말거라."

재·기·발·랄·유·머·학·교

엄마의 변명

지선이가 엄마에게 물었다.
"엄마, 왜 아빠는 머리카락이 없어?"
당황한 엄마는 순간적으로 대답을 찾았다.
"응, 그건 아빠가 생각을 많이 해서 그래."
놀라운 임기응변에 스스로 뿌듯해 하고 있는 엄마에게 지선이가 다시 물었다.
"그럼 엄마는 왜 그렇게 많아?"

재·기·발·랄·유·머·학·교

천 원에 천 원을 더하면?

한 초등학교 교실, 선생님이 한 아이에게 물었다.
"네가 천 원을 가지고 있는데, 아빠에게 천 원을 더 달라고 하면 너는 얼마를 가지게 되지?"
"천 원요!"
선생님이 걱정스러운 표정으로 말했다.
"너는 아직도 덧셈이 서투르구나."
그러자 아이가 한숨을 쉬며 말했다.

"선생님은 저희 아버지를 잘 모르시는군요!"

재·기·발·랄·유·머·학·교

하얘지고 싶어

한 초등학교에 얼굴이 까매서 따돌림을 받는 아이가 있었다.

그날도 깜둥이라고 놀림을 받아 울고 있는데, 어떤 아이가 조그맣게 속삭였다.

"너무 걱정하지 마. 얼굴을 씻을 때 표백제로 씻으면 얼굴이 하얘진대."

"정말?"

"그럼! 옆 반의 얼굴 하얀 애 알지? 백설 공주라고 불리는 애 말이야. 그 애가 표백제로 씻어서 그렇게 얼굴이 하얘진 거래."

아이는 학교가 끝나자마자 집으로 달려가 표백제를 풀어 얼굴을 씻었다.

"헉!"

얼굴이 더욱 까매져 있었다. 그때, 표백제에 쓰인 문구가 보였다.

'흰옷은 더욱 희게, 색깔 옷은 더욱 진하게'

재·기·발·랄·유·머·학·교

학상, 아몬드 먹을텨?

한 남학생이 버스에 앉아 있었다. 몇 정거장 뒤에 할머니 한 분이 버스에 오르셨다. 남학생은 벌떡 일어나 자리를 양보했다.
할머니가 고마워하는 눈빛으로 말했다.
"학상, 고마워서 그러는디……. 아몬드 먹을텨?"
"아, 네. 감사합니다."
남학생은 할머니가 주신 아몬드를 맛있게 먹었다.
"학상, 아몬드 또 먹을텨?"
"네, 감사합니다."
할머니는 계속 남학생을 부르며 아몬드를 하나씩 주셨다. 그러자 남학생은 조금 짜증이 났다.
"할머니, 주시려면 한꺼번에 주세요."
"그려, 그럼 쪼께 기둘려 봐."
뭔가를 우물우물 먹던 할머니가 말했다.
"여기 아몬드 왕창 먹어. 난 쪼꼬레뜨는 좋은디 아몬드는 싫어혀서……."

재·기·발·랄·유·머·학·교

담배가 몸에 좋다면

*공부하는 자녀에게

어머니 : 머리도 식힐 겸 담배 한 대 피우고 하렴!
아버지 : 그래. 엄마 말 들어! 여보, 애 공부하는데 얼른 슈퍼 가서 담배 한 갑 사다 줘요. 저 애 피우는 걸로.

*고등학교 조회 시간

선생님 : 너희들, 안색이 안 좋아 보인다! 다들 담배나 한 대 물고 시작하자.
학생 1 : 저는 담배 안 피우는데요.
선생님 : 너는 뭐 제대로 하는 게 없구나. 그러니까 공부가 뒤처지지.

재·기·발·랄·유·머·학·교
아들의 역습

하루는 아버지가 말썽꾸러기 태민이를 무섭게 꾸짖으며 말했다.

"태민아, 에이브러햄 링컨이 네 나이였을 때 뭘 했는지 아니?"

"몰라요."

안타까운 눈길로 태민이를 바라보던 아버지가 훈계하듯 말했다.

"링컨은 네 나이 때 쉴 틈 없이 공부를 하고 연구했단다."

그러자 태민이가 대답했다.

"아, 그 사람 저도 잘 알아요! 아마 아버지 나이 땐 대통령이었죠?"

야자 털기

재·기·발·랄·유·머·학·교

사자성어는 어려워!

어느 중학교 한문 시험 시간.
유리는 마지막 문제를 보고 갈등하고 있었다.
'우정이 매우 두터워 친한 친구 사이를 사자성어로 무엇이라고 하는가?'
유리는 고민 끝에 답을 적어냈다.
그날 저녁 한문 선생님은 채점을 하며 흐뭇해하고 있었다. 마지막 문제가 어렵다고 생각했음에도 대부분의 학생들이 '막역지우', '관포지교', '죽마고우' 등의 정답을 적어냈기 때문이었다.
그러다가 유리의 답안지를 본 선생님은 폭소를 터뜨렸다.
유리의 답은 이랬다.

'불알친구'

*막역지우(莫逆之友)_아주 허물없이 지내는 친구.
*관포지교(管鮑之交)_〔중국의 관중(管仲)과 포숙(鮑叔)의 우정이 아주 두터웠다는 고사에서〕 아주 친한 친구 사이의 사귐을 이름.
*죽마고우(竹馬故友)_죽마(아이들이 말놀음을 할 때 두 다리를 걸터타고 끌고 다니던 대막대기)를 타며 놀던 친구. 어릴 때부터 친한 벗을 이름.

재·기·발·랄·유·머·학·교
번지 점프 스타일

세계 여러 나라에서 온 학생들이 번지 점프를 하게 되었다.
조교는 겁을 잔뜩 먹은 학생들에게 용기를 주어야겠다고 생각하고, 각기 다른 한마디씩을 외쳤다.
영국 학생에게 말했다.
"신사답게 뛰어내려라."
영국 학생은 조금도 머뭇거리지 않고 용감하게 뛰어내렸다.
다음은 프랑스 학생.
"예술적으로 뛰어내려라."
프랑스 학생은 자세를 가다듬더니 멋지게 뛰어내렸다.
다음은 한국 학생.
그는 조교의 한마디에 주저 없이 뛰어내렸다.
"내신에 들어간다!"

행·복·한·웃·음·바·다·유·머·뱅·크

웃음폭탄 군대유머

-아무리 그래도 국방부 시계는 돌아간다.-

웃·음·폭·탄·군·대·유·머
하필 이때

대학생 머털이는 머리숱이 없어 고민이었다. 빈약한 머리숱 때문에 번번이 여자에게 차이곤 했다.
머털이는 머리숱을 늘리기 위해 온갖 방법을 다 썼으나 모두 다 실패하고 이제는 머리를 심는 길밖에 없었다.
머털이는 강의 시간을 제외하고는 닥치는 대로 아르바이트를 하며 죽기살기로 돈을 모았다.
드디어 머리카락 심는 시술을 받은 머털이는 기쁨의 눈물을 흘리며 현관문을 열었다.
"엄마! 드디어 머리카락 심었어요! 어서 나와 저 좀 보세요!"
그런데 그 행복한 순간은 거기서 끝나 버렸다.
"머털아, 너 영장 나왔어!"

웃·음·폭·탄·군·대·유·머
왕복수의 통쾌한 복수

군대 생활 몇 개월째인 왕복수가 여자 친구의 편지를 받았다.

"우리 이제 헤어져. 그러니 내 사진을 돌려줬으면 좋겠어."

왕복수는 복수심에 불타올라 당장이라도 달려가 여자에게 통쾌한 펀치를 날리고 싶었다. 그러나 군대에 묶인 몸이라 어쩔 수가 없었다.

며칠 동안 머리를 싸매고 궁리하던 그가 회심의 미소를 지었다. 그는 부대에 있는 여자 사진을 긁어모은 다음, 그 사진들과 함께 다음과 같은 편지를 보냈다.

"어떤 게 네 사진인지 기억이 안 나니까 네 사진만 골라내고 모두 돌려보내 줘."

웃·음·폭·탄·군·대·유·머

야까맹키로!

오래전 월남전(베트남 전쟁) 때의 이야기다.
베트남에 파병된 우리나라 어느 부대에 독종인 장교가 있었다. 그 장교의 명령에 불복종했다가는 그대로 황천행이라는 소문이 자자해서 신병들은 벌벌 떨며 지냈다.
어느 날, 베트콩이 쏜 포탄이 막사로 날아들었다. 당황한 장교는 자기도 모르게 경상도 사투리로 소리쳤다.
"모두 수구리!"
사투리를 알아들은 경상도 신병들만 살아남고 다른 지방 출신 신병들은 모두 죽거나 부상을 당하고 말았다.
장교는 절대로 사투리를 쓰지 않겠다고 단단히 마음먹었다.
몇 주일 후에 또 포탄이 날아왔다.
"모두 엎드려!"
이번에는 누구 하나 다친 사람 없이 무사했다. 장

교는 가슴을 쓸어내렸다.
그런데 그 몇 분 후에 경상도 사병을 제외한 모두가 죽거나 다쳤다.
뒤이어 포탄이 날아들자 장교가 당황하여 이렇게 외쳤기 때문이다.
"아까맹키로!"

웃·음·폭·탄·군·대·유·머

군대 간 아들에게 보낸 어머니의 편지

입대 후
군대 가고 나서 소포로 보내온 네 옷을 껴안고 밤새 울었단다.

일병 때
휴가 나와서 쓴 네 용돈 때문에 가계부 정리가 안 된다. 너무 자주 휴가 나오지 말아라.

상병 때
아들아! 수신자 부담 전화는 이제 그만하기 바란다. 그렇게 할 일이 없니?

병장 때
아들아, 가져간 돈 다 갚든지, 아니면 말뚝 박아라.

웃·음·폭·탄·군·대·유·머

병무청에 보낸 편지

먼저, 귀관이 보내 준 입영 통지서는 잘 받았소.
하지만, 본인은 이미 스타크래프트에서 숱한 비밀 작전을 성공시킨 바 있고, 약 2만 명의 특전사를 선두 지휘하였소.
또 5천 대의 탱크를 통제하였으며, 적이 가지고 있던 1천 대의 폭격기를 격추시킨 바 있소. 그런데 이제 와서 한낱 잡병으로 다시 돌아가 2년에 가까운 기간 동안 미네랄만 캐란 말이오?
지금까지 수천 시간 마우스 한 손 잡고 테란 병력의 실력 향상을 위해 애써 온 나에게 이럴 수 있소?
군입대 사양하겠소!

웃·음·폭·탄·군·대·유·머

병무청에서 온 답장

지금 가까운 PC방에 가 보시오. 님 말고도 지구를 지킬 사람은 많소. 당장 국방부의 품으로 오시오!

`웃·음·폭·탄·군·대·유·머`
방위의 운명

육군은 땅 위에서 죽고
해군은 바다에서 죽고
공군은 하늘에서 떨어져 죽고
방위는 쪽팔려서 죽는다.

`웃·음·폭·탄·군·대·유·머`
맞긴 맞는데

교관이 훈련병들을 한자리에 모아 놓고 말했다.
"너희들은 더 이상 사회인이 아니다. 앞으로 사회에서 쓰는 말투는 버려라. 군대에서의 모든 질문과 대답은 '다'와 '까'로 끝을 맺는다. 알았나?"
훈련병 하나가 큰 소리로 대답했다.
"알았다!"
"정신 나간 녀석. 그럴 땐 '알겠습니다' 해야지!"
그러자 훈련병의 대답.
"알았다니까!"

 헤어스타일

웃·음·폭·탄·군·대·유·머

훈련소가 깨끗한 이유

친구의 퇴소식을 보러 논산에 간 날, 그곳은 힘든 훈련을 받는 곳임에도 정말 깨끗했다.
그곳의 청결함에 감탄하던 나는 그곳에 세워진 팻말을 보고 깨끗함의 이유를 알았다.
팻말에는 이런 문구가 적혀 있었다.

'이곳에 쓰레기를 버리지 마시오. 귀하의 자식들이 청소해야 합니다.'

웃·음·폭·탄·군·대·유·머

군인의 비애

신병 훈련소 연병장에서 신병들이 풀을 뽑고 있었다. 그때 한 훈련병이 투덜거렸다.
"제초제 사다 뿌리면 한 방에 없어질 텐데, 왜 우리한테 시키는 거야!"
그러자 옆에 있던 교관이 말했다.

"야, 제초제 값보다 너희들 품삯이 더 싸."

행·복·한·웃·음·바·다·유·머·뱅·크

알콩달콩 유머부부

-여우 아내, 늑대 남편의 라이프 스토리-

알·콩·달·콩·부·부·유·머

결혼 전과 결혼 후

결혼 전,

男 : 넘넘 좋아. 기다리다가 목 빠지는 줄 알았어.
女 : 만약 내가 당신을 떠난다면 어떡할 거야?
男 : 무슨 그런 말도 안 되는 소릴 해?
女 : 나 사랑해?
男 : 당연하지. 죽을 때까지!
女 : 바람 필 거지?
男 : 뭐? 그딴 건 왜 묻는 거야?
女 : 나 매일 키스해 줄 거야?
男 : 기회 있을 때마다!
女 : 당신 나 때릴 거야?
男 : 미쳤어? 사람 보는 눈이 그렇게 없어?
女 : 당신 믿어도 돼?
男 : 응.
女 : 여보!

결혼 후, 밑에서부터 위로 읽으면 된다.

알·콩·달·콩·부·부·유·머

안 그럼 쟤 삐져

우리 엄마, 아빠는 연상 연하 커플이다.
어느 날, 나는 엄마, 아빠의 대화에서 이상한 점을 발견했다.
아빠 : 어이~ 설거지는 했어?
엄마 : 네에~ 그럼요.
아빠 : 어이, 리모컨 좀 갖다 줘.
엄마 : 여기 있어요.
엄마보다 두 살이 어린 아빠는 반말을 하는데, 엄마는 꼬박꼬박 존댓말을 하는 것이다.
궁금증을 참을 수 없어 엄마에게 물었다.
"엄마, 아빠가 엄마보다 더 어린데, 왜 아빠는 반말을 하고 엄마는 존댓말을 해?"
그러자 엄마가 하시는 말씀.
"안 그럼 쟤 삐져."

알·콩·달·콩·부·부·유·머
멍멍이와 남편

멍멍이와 남편의 공통점
❶ 끼니를 챙겨 주어야 한다.
❷ 이따금 데리고 놀아 주어야 한다.
❸ 복잡한 말은 알아듣지 못한다.
❹ 처음 버릇을 잘못 들이면 계속 고생한다.

남편이 멍멍이보다 편리한 점
❶ 돈을 벌어 온다.
❷ 훈련을 안 시켜도 대소변을 가린다.
❸ 집에 두고 여행을 갈 수 있다.
❹ 같이 외출할 때 출입 제한 구역이 없다.

그럼에도 멍멍이가 남편보다 좋은 까닭
❶ 신경질이 날 때 걷어찰 수 있다.
❷ 한 집에 두 마리를 길러도 탈이 없다.
❸ 멍멍이의 부모에게 간섭받을 필요가 없다.
❹ 데리고 살다가 내버릴 때 변호사가 필요 없다.

`알·콩·달·콩·부·부·유·머`

아는 사람

한 부부가 무단 횡단을 하다가 트럭에 치일 뻔했다. 깜짝 놀란 운전사가 남편에게 소리를 질렀다.
"이 병신, 얼간이, 쪼다야! 똑바로 못 건너?"
트럭이 지나가자, 아내가 남편에게 물었다.
"당신 아는 사람이에요?"
"아니."
"그런데 어쩜 그렇게 당신을 잘 알지요?"

`알·콩·달·콩·부·부·유·머`

접시를 깬 사람은?

저녁 식사를 마친 후, 엄마와 누나가 설거지를 하고 아빠와 아들은 텔레비전을 보는데 갑자기 '쨍그랑!' 하는 소리가 났다.
정적 속에서 아빠가 아들에게 물었다.
"누가 접시 깼는지 보고 와라."
"아빠 그것도 몰라? 엄마가 깼잖아!"
"보지도 않고 어떻게 아니?"
"엄마가 조용하잖아."

알·콩·달·콩·부·부·유·머

소원을 말해 봐!

금실이 좋다고 소문난 부부가 어느 우물을 찾아갔다. 이 우물 속에 동전을 던지고 소원을 빌면 무엇이든 이루어진다는 전설이 있었다.
부인이 먼저 동전을 던지고 소원을 빌었다.
잠시 후, 남편도 소원을 빌려고 몸을 구부렸다. 그런데 몸을 너무 많이 구부렸는지 우물에 빠지고 말았다.
순간, 부인이 깜짝 놀라며 말했다.
"와, 정말 소원이 이루어지는구나!"

알·콩·달·콩·부·부·유·머
죽어도 못할 일

갑자기 몸이 안 좋아진 남편이 걱정된 아내가 남편을 데리고 병원에 갔다.
진찰을 마친 의사는 남편에게 잠깐 나가 있으라고 한 뒤에 아내에게 말했다.
"이제부터 제가 시키는 대로 하지 않으면 당신은 남편을 잃을지도 모릅니다."
"어서 말씀해 보세요. 제가 어떻게 해야 하는지."
"세 끼 모두 따뜻한 밥을 지어 먹이고, 집 안 청소를 깨끗이 해서 먼지 한 톨 없도록 해야 합니다. 항상 옷을 다림질해서 입히고, 남편에게 집안일은 절대로 시키지 마세요."
아내가 진료실에서 나오자 남편이 물었다.
"의사가 뭐래?"
"당신, 머지않아 세상 뜰 거래."

알·콩·달·콩·부·부·유·머
여기가 지옥

교통사고를 당해 의식을 잃은 남자가 며칠 후에 가까스로 정신을 차렸다.
주위를 천천히 둘러보던 남자가 침대를 지키고 있는 아내에게 말했다.
"여보, 내가 지옥에 왔나 봐."
"응? 웬 지옥?"
"죽어서도 당신 옆에 있잖아."

알·콩·달·콩·부·부·유·머
전 세계 공통 격언

1. 판단력이 부족하면 결혼을 하고, 이해력이 부족하면 이혼을 하고, 기억력이 부족하면 재혼을 한다.

2. 첫사랑이 잘 산다고 하면 배가 아프고, 첫사랑이 못 산다고 하면 가슴이 아프고, 첫사랑이 같이 살자고 하면 골치가 아프다.

알·콩·달·콩·부·부·유·머
변치 않는 사랑

한 목사가 교회에 모인 사람들에게 '변치 않는 사랑'을 주제로 설교하고 있었다.
목사가 물었다.
"다시 태어나도 지금의 배우자와 결혼하겠다는 분 계십니까?"
한 할머니가 손을 번쩍 들었다.
"네, 할머니. 할머니는 할아버지에 대한 사랑이 참으로 깊으시군요. 존경스럽습니다."
목사는 완전 감동한 목소리로 말했다.
하지만, 할머니의 다음 한마디에 교회 안은 웃음바다로 변했다.
"그놈이 다 그놈이여."

알·콩·달·콩·부·부·유·머

할아버지의 소원

올해 70살이 된 동갑내기 부부가 결혼 50주년을 맞이했다.
두 사람이 기념일을 축하하고 있는데, 느닷없이 요정이 나타났다.
"두 분이 50년 동안이나 금실 좋게 사셔서, 제가 두 분께 소원 한 가지씩을 들어드리려고 합니다."
요정의 말이 떨어지자마자 할머니가 말했다.
"워낙 가난하게 살다 보니 여태 해외여행 한 번 못 해 봤다우. 해외여행을 가고 싶어요."
요정이 지팡이를 흔들자 항공권이 나왔다.
다음은 할아버지 차례.
"난 나보다 30살 젊은 사람하고 살아 보고 싶군."
요정이 지팡이를 흔들자 할아버지가 100살 노인으로 변했다.

알·콩·달·콩·부·부·유·머

힘들 때마다 아내 사진

결혼한 지 30년이 된 부부가 있었다. 남편은 결혼한 이후로 지금까지 늘 아내 사진을 지갑에 넣고 다녔다.
아내가 남편에게 물었다.
"당신은 내가 그렇게 좋아?"
"그럼, 힘들 때마다 당신 사진 꺼내 보지."
아내는 감동하여 떨리는 목소리로 말했다.
"당신이 힘들 때 내가 힘이 된다니, 정말 기뻐!"
"그럼. 힘들 때마다 당신 사진 꺼내 보며 이런 생각을 하지."
"무슨 생각?"
남편은 잠깐 망설이다 결심한 듯 대답했다.
"세상에 이보다 더 힘든 일이 있을까 하고……."

 가스 폭발

알·콩·달·콩·부·부·유·머
여보, 전화 왔어!

어느 일요일 아침, 남편이 커피를 마시며 신문을 보고 있었다. 남편은 끄적거리기를 좋아하는 메모광이었다. 그날 아침에도 신문 귀퉁이에 뭔가를 끄적거리고 있었다.

주방에서 일하던 아내가 프라이팬을 든 채 살금살금 남편 뒤로 다가갔다. 남편은 아내가 다가오는 줄도 몰랐다.

대~앵!

느닷없이 아내가 프라이팬으로 남편의 뒤통수를 가격했다.

"아니, 이게 무슨 짓이야?"

남편이 화들짝 놀라 소리쳤다.

아내가 신문 귀퉁이에 쓰인 여자 이름을 가리켰다.

'태희'가 누구얏!"

남편은 생사람 잡는다는 듯 뒤통수를 만지며 대답했다.

"이봐, '태희'는 여자가 아니야. 내가 경마장에서

돈을 걸었던 말의 이름이란 말이야."
아내는 미안해서 어쩔 줄 몰라 하며 남편에게 사과했다.
그런데 30분쯤 뒤, 아내가 또 프라이팬으로 남편의 뒤통수를 가격했다. 아까보다 소리가 두 배나 컸다.
대~애앵!
얼굴이 시뻘개진 남편이 버럭 소리를 질렀다.
"이번엔 또 뭐야!"
도끼눈을 한 아내가 남편에게 전화기를 내밀었다.
"당신 말한테 전화 왔어!"

알·콩·달·콩·부·부·유·머

우울증에 걸린 아내

어느 부인이 남편에게 물었다.
"만약에 부모님, 나, 아이들이 물에 빠졌다면, 당신은 누구를 제일 먼저 구할 거예요?"
남편은 고민하는 기색도 없이 곧바로 대답했다.
"부모님이지!"
부인은 약간 화가 났지만, 그래도 부모님이 우선이겠지 하고 이해했다. 그리고 '그 다음은 나겠지.'라고 생각하며 다시 물었다.
"다음은요?"
잠시 고민하던 남편이 말했다.
"아내는 다시 얻으면 되니까 아이들을 구해야지."
충격을 받은 부인은 우울증에 걸려 정신과 의사를 찾아갔다. 의사가 부인의 얘기를 듣더니 조심스레 입을 열었다.
"부인, 그러지 말고 차라리 수영을 배우시는 것이 어떻겠습니까?"

알·콩·달·콩·부·부·유·머

부부 싸움은 칼로 물 베기

한 부부가 싸움을 하고 있었다. 화가 난 남편이 소리를 질렀다.
"당장 나가 버려!"
"흥, 나가라고 하면 못 나갈 줄 알아요?"
아내가 가방을 싸 들고 나가 버렸다.
그런데 몇 분 후에 다시 돌아왔다.
"뭐야! 왜 다시 들어와?"
"나의 가장 소중한 것을 두고 갔어요."
"그게 뭔데?"
"그건 바로 당신이에요!"
남편은 그만 피식 웃고 말았다.
그날 이후, 남편은 부부 싸움을 하다가도 "이혼을 하면 뭘 해. 당신이 위자료로 나를 청구할 텐데." 하며 여유 있게 웃게 되었다.

알·콩·달·콩·부·부·유·머

서두르자고 했더니

어떤 부부가 모처럼 연주회에 갔다.
그런데 약간 늦어서 앞부분을 놓치고 말았다.
아내가 남편에게 물었다.
"여보, 지금 연주되고 있는 곡이 뭐예요?"
남편 역시 모르는 터라 옆 사람에게 물었다.
옆 사람이 목소리를 죽여 대답했다.
"베토벤 교향곡 5번입니다."
남편이 애석하다는 듯이 중얼거렸다.
"이런, 벌써 4번까지 다 지나갔잖아."
그러자 아내가 남편을 쩨려보며 쏘아붙였다.
"그러니까 서두르자고 했잖아요!"

알·콩·달·콩·부·부·유·머

솔직한 아이들

엄마가 꼬마 둘을 데리고 전동차에 탔다.
처음에는 얌전하던 아이들이 몇 정거장 뒤부터 몸을 뒤틀며 칭얼거리기 시작했다.
엄마는 아이들을 타일렀다.
"얘들아, 엄마가 어떤 사람을 제일 싫어한다고 했지?"
그러자 두 꼬마가 합창하듯 동시에 말했다.
"아빠요!"

알·콩·달·콩·부·부·유·머

아빠는 걱정 마

어느 가족이 바닷가에 놀러 갔다.
아이가 비치파라솔 밑에서 뒹굴고 있는 엄마에게 물었다.
"엄마, 바다에서 수영해도 돼요?"
엄마가 고개를 가로저었다.
"안 돼! 물이 너무 깊어서 위험해."
아이는 억울한 듯 엄마에게 보챘다.
"하지만 아빠는 저기 깊은 물속에서 수영하고 계시잖아요?"
엄마가 빙긋이 웃으며 말했다.
"아빠는 보험에 들었잖니."

알·콩·달·콩·부·부·유·머
피장파장

기분 좋게 외식을 나갔던 부부가 사소한 일로 티격태격하다 밥도 먹는 둥 마는 둥 하고 집으로 돌아가게 되었다.
서로 마음이 상해 말도 않고 있는데 개 한 마리가 차 앞에서 얼쩡거리는 것이 눈에 띄었다.
남편이 빈정거리며 말했다.
"여보, 당신 친척이잖아. 인사나 하지 그래?"
남편의 말이 떨어지기가 무섭게 아내가 개에게 꾸벅 인사했다.
"안녕하셨어요, 시아버님!"

알·콩·달·콩·부·부·유·머

천생연분

한 노인 부부가 퀴즈 프로그램에 출연했다.
스피드 퀴즈를 하는데 '천생연분'이라는 낱말이 나왔다.
할아버지는 손가락으로 할머니와 자신을 번갈아 가리키며 말했다.
"우리처럼 사이가 좋은 걸 뭐라고 하지?"
할머니가 서슴없이 대답했다.
"웬수."
할아버지 당황해서,
"아니, 두 자 말고 네 자로 된 거."
그러자 할머니가 또 서슴없이 대답했다.
"평생 웬수!"

*천생연분(天生緣分) : 하늘에서 짝지어 준 인연.

알·콩·달·콩·부·부·유·머

새벽 3시에 들어오는 이유

매일 새벽 3시가 넘어서야 들어오는 남편이 있었다. 속이 상한 아내가 바가지를 긁기 시작했다.
20분이나 바가지를 긁는데도 묵묵부답인 남편.
화가 극에 달한 아내가 고래고래 소리쳤다.
"당신 정말 너무하네요. 도대체 왜 새벽 3시가 넘어야 들어오는 거예요!"
묵묵히 듣고 있던 남편이 드디어 입을 열었다.
"이 시간에 문 여는 데가 여기밖에 없어서 들어온다. 왜!"

알·콩·달·콩·부·부·유·머

술, 담배, 도박을 끊은 남자

더럽고 냄새나는 노숙자가 어떤 사람에게 다가와 저녁을 사 먹게 만 원만 달라고 했다.
남자는 지갑을 꺼내며 물었다.
"내가 돈을 주면 당신은 밥이 아니라 술을 사 마시겠죠?"
"아니요, 술은 오래전에 끊었습니다."
"그럼, 담배를 사서 피우겠죠?"
"아뇨, 담배도 오래전에 끊었습니다."
"그럼, 도박을 하겠군요?"
"도박 안해요. 밥 먹을 돈도 없는데 무슨 도박?"
"그럼 됐소. 우리 집에 가서 근사한 저녁 식사를 합시다."
"부인이 길길이 뛰지 않을까요?"
"상관없소. 남자가 술, 담배, 도박을 다 끊으면 어떻게 되는지 아내에게 보여 주고 싶소."

알·콩·달·콩·부·부·유·머
남자의 속마음

결혼한 지 얼마 안 된 새신랑이 친구들과 함께 술을 마시고 있었다.
한 친구가 새신랑에게 결혼 재미가 어떠냐고 물었다. 친구들 모두 '집 안에 참기름 냄새가 진동한다' 느니 하는 대답이 나오리라 기대했다.
"결혼 한 번으로 이렇게 세계관이 달라질 줄 몰랐네. 결혼 전에는 모든 여자가 다 좋았는데……."
새신랑이 말끝을 흐리자, 친구들이 새신랑을 다그쳤다.
"그런데 지금은?"
"지금? 지금은 한 명 줄었어."

알·콩·달·콩·부·부·유·머
미망인의 의심

한 시골 교회에서 장례식이 있었다.
목사가 추도사를 시작했다.
"고인이 되신 분은 참으로 정직했고, 아내에게는 다정하고 헌신적이었으며, 자녀들에게는 자상하고 따뜻한 분이었습니다."
그런데 목사님의 추도사를 듣고 있던 고인의 부인이 고개를 설레설레 저었다.
목사님은 자신이 생각할 수 있는 모든 찬사를 늘어놓으며 추도사를 이어 갔다.
"뿐만 아니라 직장에서는 성실하고, 친구들에게는……."
바로 그때 고인의 부인이 옆에 앉아 있는 딸에게 속삭였다.
"얘, 너 관 속에 누워 있는 사람이 네 아버지인지 확인 좀 하고 오렴."

알·콩·달·콩·부·부·유·머
아내의 건망증

맞벌이 부부의 아침 출근길. 차를 타고 가던 아내가 갑자기 소리쳤다.
"어머! 다리미를 안 끄고 나온 것 같아요."
남편은 그대로 차를 돌려 집으로 갔다.
다리미는 꺼져 있었다.
다음 날도 아내가 "어머, 오늘은 정말 다리미를 끄지 않은 것 같아요." 하고 외쳤다.
남편은 짜증이 났지만 혹 불이 날까 겁이 나 집으로 차를 돌렸다. 그날도 다리미는 꺼져 있었다.
다음 날, 아니나 다를까 아내가 또 소리를 질렀다.
"다리미를 끄지 않았을지도 몰라요!"
그러자 남편이 차를 세우더니 뒷좌석에서 무엇인가를 꺼냈다.
"여기 있어, 다리미!"

알·콩·달·콩·부·부·유·머
중년 남자의 대화

점잖은 중년 남자 둘이 이야기를 나누고 있었다.
"자네, 얼마 안 있음 결혼기념일이지?"
"응, 올해가 25주년이라네."
"오~ 이벤트는 준비했겠지?"
"그럼, 호주로 여행을 갈 생각이야."
"호주라~ 아주 멋지군. 그럼 30주년엔 뭘 할 생각인가?"
잠시 생각하던 남자가 말했다.

"호주에 가서 마누라를 데려와야지."

알·콩·달·콩·부·부·유·머

시장님, 웃을 때가 아닙니다

남아메리카의 어느 소도시 성당 신부님이 고민에 빠졌다. 신도들의 고해 성사 내용이 대부분 '간통'과 '불륜' 이었기 때문이다.

하루는 신부님이 사람들을 모아 놓고 말했다.

"여러분, 이제 저한테 고해 성사를 할 때에는 '신부님, 누구와 간통했습니다.' 이렇게 말하지 말고, '신부님, 오늘 누구와 넘어졌습니다.' 라고 말씀해 주십시오."

그 후로 사람들은 고해 성사를 할 때, 누구와 넘어졌다고 말하게 되었다.

세월이 흘러, 그 신부님이 다른 성당으로 가고 새로운 신부님이 부임했다.

새로 온 신부님이 고해 성사를 받는데 마을 사람들이 넘어진 이야기만 하는 것이었다.

신부님은 큰일이다 싶어 시장을 찾아갔다.

"시장님, 시내의 도로를 모두 다시 손보셔야 되겠습니다. 도로에서 넘어지는 사람들이 너무 많습니다. 아주 엉망인 모양입니다."

하지만 '넘어진다'는 의미를 알고 있던 시장은 혼자서 키득키득 웃기 시작했다.
웃기까지 하는 한심한 시장에게 신부가 화를 냈다.
"시장님, 웃으실 일이 아닙니다. 어제 시장님 부인도 세 번이나 넘어졌습니다."

알·콩·달·콩·부·부·유·머
남편의 유언

어떤 남자가 아내에게 유언을 남기고 있다.
"여보, 나 얼마 못 살 것 같소."
"왜 자꾸 그런 말씀을 하세요?"
"내 소원 하나 들어주구려. 꼭 들어줄 거지?"
"말씀해 보세요."
"내가 죽은 다음에 제발 김 씨하고 재혼해 줘요."
"네? 김 씨는 당신하고 원수지간이잖아요?"
"맞아, 그 놈에게 복수하는 길은 오직 그 길뿐이야."

알·콩·달·콩·부·부·유·머
내겐 너무 소중한 하녀

어떤 중년 부인이 새로 산 밍크 코트를 자랑하고 있었다.
"그런 훌륭한 코트를 사 주다니, 넌 참 훌륭한 남편을 만났구나."
"사실, 남편이 코트를 사 주지 않으면 안 될 사정이 있었지."
"무슨 사정?"
"하녀와 키스하는 현장을 들켰거든."
"어머, 그럼 그 애를 당장 내쫓아 버렸겠구나."
그러자 중년 부인이 말했다.
"아니, 잘 데리고 있지. 명품 구두, 가방… 살 게 얼마나 많은데……."

알·콩·달·콩·부·부·유·머
의심스러운 남편

나는 친한 친구가 이혼을 했다는 이야기를 들었다. 남편이 바람을 피웠다는 것이다. 그 소식을 듣고 나니 출장이 잦은 남편에게 의심이 가기 시작했다. 어느 날 밤, 남편의 전화벨이 울렸다.

"띨리리리"

자다가 벌떡 일어나 전화를 받는 남편, 가만히 상대의 목소리를 듣더니 "알았습니다." 하고 끊는다. 얼핏 듣기로는 여자 목소리 같았는데…….

남편은 멍하니 앉아 있다가 부스럭거리며 옷을 챙겨 입기 시작했다. 그러고는 내가 자는지 확인하더니 살금살금 밖으로 나갔다.

그렇게 믿어 온 남편이 밤에 여자 전화를 받고 나가다니…….

별별 생각이 다 들어 떨리는 가슴으로 앉아 있는데, 잠시 후 남편이 돌아오는 소리가 들렸다. 급하게 나가느라 뭘 두고 나간 모양이었다.

나는 순간 벌떡 일어나 문 앞에 가서 섰다. 문을 열자 우두커니 서 있는 내 모습에 깜짝 놀라 벌렁 뒤로 자빠지는 남편.
나는 마구 퍼부어 댔다.
"전화한 X 누구얏! 모든 걸 다 지켜봤으니까 숨길 생각 말고 순순히 실토해!"
슬금슬금 몸을 일으킨 남편, 분위기를 깨달았는지 사실대로 불기 시작했다.
"옆집 아줌마."
뭐? 옆집 아줌마?
그렇게 가까운 데 있었단 말인가?
"그 여자가 왜 전화했어? 이 밤중에, 왜! 왜!"
남편은 악을 쓰는 나를 멍하니 바라보다 침대로 가 눕더니 신경질적으로 말했다.
"차 빼 달래."

`알·콩·달·콩·부·부·유·머`
인사불성 남편

술에 만취해 들어온 남편이 볼일을 본다고 나갔다 들어오더니 아내에게 말했다.
"우리 집 화장실은 참 편해. 문만 열면 불이 들어오니 말야."
그러자 아내가 땅이 꺼져라 한숨을 쉬었다.
"어이구, 웬수야. 또 냉장고에 쉬했구나!"

연필

알·콩·달·콩·부·부·유·머
아내는 사오정?

요사이 아내가 내 말에 제대로 대답하지 않는다는 것을 깨달았다. 아무래도 아내의 귀에 문제가 생긴 것 같았다.
의사 선생님은 아내의 상태를 알아야 처방을 할 수 있으니 집에 가서 아내를 테스트해 보라고 말했다.
그래서 나는 현관문을 열며 소리쳤다.
"여보! 오늘 저녁 메뉴가 뭐야?"
"……."
그래, 내가 생각해도 현관에서 부엌까지는 너무 멀다. 거실로 들어와 다시 한 번 말했다.
"여보! 오늘 저녁 메뉴가 뭐야?"
"……."
여기도 너무 먼가?
그럼 부엌에 들어가서 말해 보자.
"여보! 오늘 저녁 메뉴가 뭐야?"
아내의 귀가 이렇게 심각할 줄이야.
난 아내의 곁으로 다가가서 아내의 어깨에 손을 얹고 물었다.

"여보! 오늘 저녁 메뉴가 뭐야?"
그러자 아내가 갑자기 홱 돌아서더니 말했다.
"도대체 내가 불고기라고 몇 번이나 말해야 알아듣 겠웃, 몇 번이나!"

`알·콩·달·콩·부·부·유·머`

남편 골탕 먹이기

어느 대형 마트에서 한 여자 손님이 물건값을 치르려고 가방을 여는데, 가방 안에 TV 리모컨이 들어 있었다.
점원이 빙그레 웃으며 물었다.
"손님, TV 리모컨을 가지고 다니세요?"
건망증이 좀 있으시군요, 하는 어투였다.
그러자 손님이 웃으며 대답했다.
"호호호, 아니에요. 남편이 따라나서지 않겠다길래 남편을 골탕 먹이는 방법이 뭘까 고민하다가 이 리모컨을 들고 나왔어요."

행·복·한·웃·음·바·다·유·머·뱅·크

IQ 쑥쑥 두뇌유머

-데굴데굴 머리 굴리면서 보면 더 재미있지!-

I·Q·쑥·쑥·두·뇌·유·머

자취생의 24시

❶ **평소** : 라면이 주식이다.
❷ **새로운 게 먹고 싶을 때** : 라면에 송송 썬 파를 넣어 본다.
❸ **근사하게 먹고 싶을 때** : 라면을 포도주와 같이 먹는다.
❹ **영양가 있게 먹고 싶을 때** : 라면에 달걀을 넣어서 먹는다.
❺ **평소보다 배고플 때** : 라면에 맥주를 곁들여 먹는다.
❻ **매일 똑같은 음식에 질릴 때** : 라면에 커피를 타서 먹는다.
❼ **고기가 먹고 싶을 때** : 소고기 라면을 끓인다.
❽ **억울한 일을 당했을 때** : 생라면을 씹어 먹는다.
❾ **담백하게 살고 싶을 때** : 스프를 빼고 라면을 끓여 먹는다.
❿ **기쁜 일이 생겼을 때** : 평소 한 상자씩 사다 놓던 라면을 몇 상자 더 사 놓는다.
⓫ **일이 안 풀릴 때** : 골똘히 생각하는 바람에 물이 졸아서 국물 없는 라면을 먹는다.

I·Q·쑥·쑥·두·뇌·유·머
전생의 비밀

어떤 사람이 사극을 보다가 '나는 전생에 뭐였을까?' 라는 생각을 하며 잠이 들었다.
그런데 꿈속에서 옛날 옷을 입은 사람들이 그에게 절을 하는 것이었다.
잠시 후에 신령님이 나타나 물었다.
"네가 전생을 궁금해 하기에 내가 인심 좀 썼다. 이제 네가 뭐였는지 알겠느냐?"
"네, 저는 임금이었던 것 같습니다. 많은 사람들이 저에게 절을 하지 않았습니까?"
그러자 신령님이 혀를 끌끌 차며 말했다.
"쯧쯧, 너는 돼지머리였느니라."

명탐정 셜록 홈스

명탐정 셜록 홈스가 왓슨과 소풍을 갔다. 밤이 되어 텐트 속에서 자고 있는데, 셜록 홈스가 왓슨을 흔들어 깨웠다.
"이봐, 저 별을 보고 어떤 추리를 할 수 있겠나?"
왓슨이 졸린 목소리로 대답했다.
"응, 수백만 개의 별이 보이는군. 저 수백만 개의 별 중에는 지구와 같은 행성이 있을 것이고, 만약 지구와 같은 행성이 있다면 그건 다시 말해서 저 외계에 생명체가 있을 수 있다는 말이지."
가만히 왓슨을 바라보던 셜록 홈스가 입을 열었다.
"이 멍청아! 별이 보인다는 건 누가 우리 텐트를 훔쳐 갔다는 말이잖아!"

I·Q·쑥·쑥·두·뇌·유·머
말이 되는 이야기

하느님께서 소를 만드시고 소에게 말씀하셨다.
"너는 60년을 살아라. 단, 사람들을 위해 평생 일을 해야 한다.
그러자 소는 딱 절반인 30년만 살겠다고 했다.
두 번째로 개를 만드시고 개에게 말씀하셨다.
"너는 30년을 살아라. 단, 사람들을 위해 평생 집을 지켜라."
그러자 개도 절반인 15년만 살겠다고 했다.
세 번째로 원숭이를 만드시고 말씀하셨다.
"너는 30년을 살아라. 단, 사람들을 위해 평생 재롱을 떨어라."
그러자 원숭이도 절반만 살겠다고 했다.
네 번째로 사람을 만드시고 말씀하셨다.
"너는 25년만 살아라. 너에게는 생각할 수 있는 머리를 주겠다."
그러자 사람이 하느님께 말했다.
"그럼 소가 버린 30년, 개가 버린 15년, 원숭이가 버린 15년을 모두 주세요."

그래서 사람은,
25살까지는 주어진 시간을 그냥 살고, 소가 버린 30년으로는 26세부터 55세까지 일만 하고,
개가 버린 15년으로는 퇴직하고 집을 보며 살고,
원숭이가 버린 15년으로는 손자 손녀 앞에서 재롱을 떨면서 산다고 한다.

I·Q·쑥·쑥·두·뇌·유·머

투철한 직업 의식

어느 외과 의사가 식당에서 메뉴판을 보고 있었다.
그런데 종업원이 엉덩이를 긁고 있는 게 아닌가.
의사가 물었다.
"치질 있나요?"
그러자 종업원이 대답했다.
"죄송합니다. 메뉴판에 있는 음식 외에는 주문이 안 됩니다."

I·Q·쑥·쑥·두·뇌·유·머

천 원으로 십만 원 만드는 법

❶ 천 원짜리 한 장을 가져온다.

❷ 망치로 천 원을 마구 때린다. 화가 난 천 원은 얼굴이 빨개지며 오천 원이 된다.

❸ 오천 원에 라이터를 대고 태운다고 협박한다. 오천 원은 파랗게 질려 만 원이 된다.

❹ 만 원을 한강으로 가져가 낚싯줄에 매단 후 넣을까 말까 하면서 겁을 준다. 만 원은 하얗게 질리면서 십만 원짜리 수표가 된다.

I·Q·쑥·쑥·두·뇌·유·머
수박 장수

수박 장수가 신호를 무시하고 트럭을 운전하다가 경찰을 만났다. 그는 우선 튀고 보자는 생각에 골목길로 들어갔다.

뒤를 보니 경찰차가 트럭을 계속 뒤쫓아오고 있었다. 이리저리 도망치다가 막다른 길로 들어온 수박 장수. 뒤에는 경찰차가 막고 서 있었다.

할 수 없이 차에서 내린 수박 장수를 보고 경찰관이 하는 말,

"거, 수박 하나 사 먹기 되게 힘드네."

I·Q·쑥·쑥·두·뇌·유·머
기발한 아이디어

어느 집주인이 매일 자신의 집 담벼락에 자전거들이 세워져 있자 부탁의 글을 붙였다.
'자전거를 세워 두지 마세요. 자전거 때문에 많은 불편을 겪고 있습니다.'
하지만 아무 소용이 없었다.
집주인은 다시 경고문을 써서 붙였다.
'계속 자전거를 세워 두면 강력한 조치를 취하겠습니다.'
이 역시 아무 소용이 없었다. 집주인은 궁리 끝에 기발한 문구를 써 붙였다. 그랬더니 담벼락의 자전거들이 깨끗이 자취를 감추었다.
'여기 세워진 자전거는 모두 공짜입니다. 마음대로 가져가세요.'

`I·Q·쑥·쑥·두·뇌·유·머`

칭찬의 이유

총알택시 운전사와 목사님이 죽어서 하느님 앞에 갔다.
하느님은 총알택시 운전사를 입에 침이 마르도록 칭찬하며 천국으로 보냈다.
하지만 목사님을 보더니 잠시 대기하라고 했다.
기가 막힌 목사님이 이유를 묻자 하느님이 말씀하셨다.
"너는 늘 사람들을 졸게 했지만, 총알택시 운전사는 사람들을 늘 기도하게 했느니라."

I·Q·쑥·쑥·두·뇌·유·머

같이 한 잔 합시다!

손님 두 명이 술을 엄청 마셨는지 고주망태가 되어 있었다.
한 손님이 근처의 다른 손님에게 말을 걸었다.
"이렇게 만난 것도 인연인데, 같이 한잔합시다."
"좋지요."
"당신 고향은 어디요?"
"목포요."
"오, 같은 고향 사람이네. 목포 어디 살았소?"
"중동요. 당신은 어디 살았소?"
"세상에, 나도 중동 살았소. 어떻게 이런 일이….
나는 82년에 유달 초등학교 졸업했는데, 당신은?"
"놀라워라! 나도 82년에 유달 초등학교 졸업했소.
어떻게 이런 일이 있지?"
그때 단골손님이 들어와서 주인에게 물었다.
"초등학교 동창을 만났나 보지요?"
"아뇨, 앞집 쌍둥이들이 또 취했어요."

`I·Q·쑥·쑥·두·뇌·유·머`

내일 아침 뉴스 보자

강도 두 명이 은행을 턴 뒤 무사히 도망쳤다.
은거지에 돌아오자, 한 명이 말했다.
"야호, 성공했다! 이게 얼마야? 빨리 세어 보자."
그러자 다른 강도가 말했다.
"피곤한데 뭐하러 세어 봐? 내일 아침 뉴스 보면 정확한 액수를 알 텐데."

I·Q·쑥·쑥·두·뇌·유·머
염려하지 마세요!

병원에서 맹장 수술을 하기 직전에 도망을 가다 붙잡힌 남자가 있었다.
경비원이 물었다.
"아저씨, 수술도 하시기 전에 달아나시면 어떻게 해요? 아실 만한 분이……."
"당신도 그런 말을 들어 봐요. 도망을 안 칠 수가 있나."
"무슨 말을 들었는데요?"
"글쎄, 간호사가 이런 말을 하잖아요. '맹장 수술은 간단하니까 염려하지 마세요!'"
"그거야 당연한 말 아니에요?"
그러자 남자가 정색을 하고 말했다.
"나한테가 아니라 의사한테 한 말이에요."

I·Q·쑥·쑥·두·뇌·유·머
벼락 맞은 사람

시체실에 3구의 시체가 들어왔다. 그런데 시체가 하나같이 웃고 있었다.
그래서 검시관이 경찰에게 물었다.
"아니, 왜 시체들이 웃는 거요?"
"첫 번째 사람은 복권에 당첨되자 충격을 받아 심장마비로 죽은 사람입니다."
"다른 사람들은요?"
"두 번째 사람도 심장마비인데, 만년 꼴등이던 자기 자식이 1등을 하자 충격을 받아 죽었습니다."
"그럼 마지막 세 번째 사람은요?"
"이 세 번째 사람은 벼락을 맞아 죽었습니다."
"벼락을 맞았는데 왜 웃고 있어요?"
"번쩍거리자 사진 찍는 줄 알고 웃은 모양입니다."

I·Q·쑥·쑥·두·뇌·유·머
교통 위반

미국을 방문 중인 교황이 시내 관광을 하다가 갑자기 운전을 하고 싶어졌다.
"이보게, 오랜만에 운전 좀 해 보게 해 주겠나?"
운전사는 처음에는 안 된다고 거절했으나, 교황이 계속 졸라 대자 운전대를 교황에게 맡기고 뒷좌석으로 가서 앉았다.
하지만 오랜만에 운전대를 잡은 교황은 신이 난 나머지 규정 속도를 위반하고 말았다.
이를 본 경찰이 다가와 운전석을 확인하더니 난감한 얼굴로 전화를 걸었다.
"서장님, 이 일을 어떻게 해야 할까요?"
"뭐야! 또 주지사야?"
"아닙니다."
"그럼 혹시 대통령?"
"아닙니다. 제가 보기엔 더 중요한 인물인 것 같습니다."
답답한 서장이 소리를 질렀다.

"그럼 도대체 누구야?"
경찰관이 난감한 듯 말했다.
"확실히는 모르지만, 교황을 운전기사로 부리고 있는 사람입니다."

I·Q·쑥·쑥·두·뇌·유·머
사람을 믿은 죄

추운 겨울, 의사가 운전하던 차와 변호사가 운전하던 차가 정면으로 충돌했다. 두 대의 차는 심하게 망가졌으나 두 사람은 다친 곳 없이 멀쩡했다.
변호사가 말했다.
"차가 이렇게 망가졌는데 우리 두 사람은 멀쩡하다니, 참으로 놀랄 일이군요. 그나저나 너무 추운데……. 아, 잠깐만 기다려 보세요."
변호사가 차로 돌아가더니 트렁크에서 양주를 한 병 꺼내 왔다.
"신기하군요. 양주병이 깨지지 않았어요. 그러고 보니 술을 마시면 몸이 덜 춥게 느껴진다던데, 그게 사실인가요?"
의사가 그렇다고 하자, 변호사가 말했다.
"그럼 이 술을 나눠 마시도록 하지요. 먼저 한 모금 드세요."
의사가 술을 한 모금 마신 후 변호사에게 건네자, 변호사는 술병 뚜껑을 닫더니 바닥에 내려놓았다.

의사가 의아해서 물었다.
"당신은 왜 마시지 않지요?"
변호사가 빙그레 웃으며 대답했다.
"예, 이제 경찰이 오길 기다려야죠."

I·Q·쑥·쑥·두·뇌·유·머
천천히 빼 드릴게요

한 손님이 치과 의사에게 물었다.
"이 하나 빼는 데 얼마나 합니까?"
"5만 원입니다."
"아니, 단 일 분도 안 걸리는데 그렇게 비싸단 말이에요?"
그러자 치과 의사가 말했다.
"원하시면 천천히 빼 드릴 수도 있습니다."

*사람의 침 속에는 살균 작용을 하는 '라이소자임'이라는 물질이 들어 있어, 사람의 침이 묻으면 지네나 뱀도 맥을 못 춘다고 한다.

I·Q·쑥·쑥·두·뇌·유·머
염라대왕의 임기응변

흥부와 놀부가 죽어서 염라대왕 앞에 섰다.
"흥부는 똥통에서, 놀부는 냇물에서 목욕을 하라."
피곤한 염라대왕이 판결문을 잘못 읽은 것이었다.
당황한 저승사자가 눈짓을 보내자, 실수를 알아챈
염라대왕이 씩 웃으며 말했다.
"단, 목욕이 끝나면 서로를 핥아서 말려 주어라."

I·Q·쑥·쑥·두·뇌·유·머
재치있는 남자

한 남자가 새벽 4시에 걸려온 전화 소리 때문에 잠에서 깼다.
"당신네 개가 짖는 소리 때문에 잠을 못 자겠소."
남자는 전화를 줘서 고맙다고 한 후, 전화 건 사람의 전화번호를 물었다.
다음 날 새벽 4시, 남자가 그 이웃에게 전화를 걸어 말했다.
"선생님, 저희 집에는 개가 없습니다."

I·Q·쑥·쑥·두·뇌·유·머
한국인의 급한 성미

*자판기 커피를 마실 때
외국인 : 다 나온 후, 불이 꺼지면 컵을 꺼낸다.
한국인 : 버튼 눌러 놓고, 커피 나오는 곳에 손 대고 있다 가끔 손을 데기도 한다.

*버스 탈 때
외국인 : 정류장에 서서 기다리다 천천히 승차.
한국인 : 기다리던 버스가 오면 도로로 내려간다. 종종 버스와 추격전을 벌인다.

*야구 관람할 때
외국인 : 야구는 9회말 2사부터. 힘내라!
한국인 : 다 끝났네. 나가자.

*음식이 나오길 기다릴 때
외국인 : 오늘 요리는 스테이크. 이 레스토랑은~.
한국인 : 소 잡으러 갔나? 되게 안 나오네!

I·Q·쑥·쑥·두·뇌·유·머

독실한 신자의 사정

어느 일요일, 한 신앙심이 깊은 남자가 친구와 골프 약속을 했다.
그런데 남자가 한 시간이나 늦었다.
화가 난 친구가 남자에게 따졌다.
"왜 이렇게 늦었나?"
"사실은 주일 예배를 빠진다는 것이 너무 부담되는 거야. 그래서 동전을 던져 앞면이 나오면 교회에 가고, 뒷면이 나오면 골프를 치러 가기로 했지. 그래서 늦은 거야."
"그럼 결국 교회에 다녀왔다는 얘기군."
그러자 남자가 손을 가로저으며 말했다.
"아니야, 계속 앞면이 나오길래 뒷면이 나올 때까지 던졌지."

냉장 보관

머리 좋은 도둑

I·Q·쑥·쑥·두·뇌·유·머

한 남자가 성당에 와서 고해 성사를 했다.
"신부님, 실은 제가 닭을 두 마리 훔쳤습니다."
"그래선 안 됩니다."
"그럼, 신부님께서 그걸 받아 주시겠습니까?"
"안 됩니다. 주인에게 돌려주셔야지요."
"그러려고 했는데, 그 사람이 받지 않더라구요."
"그럼, 그 사람에게 감사하고 당신이 닭을 가져도 됩니다."
"감사합니다, 신부님. 그럼 저는 이만 가 보겠습니다."

그날 저녁 신부는 자기 집 닭 두 마리가 없어진 것을 알았다.

I·Q·쑥·쑥·두·뇌·유·머
엄마의 자장가

엄마와 갓난아기가 버스에 탔다.
얼마 안 가 아기가 칭얼대기 시작하자 엄마가 자장가를 불러 주었다.
"잘 자라 우리 아가~ 앞뜰과 뒷동산에~"
그래도 아기가 울음을 그치지 않자, 엄마는 더 큰 소리로 노래하기 시작했다.
"잘 자라~ 우리 아가~ 앞뜰과 뒷동산에~"
그러자 여기저기서 들리는 사람들의 외침!
"그냥 애가 울게 놔두세요!"

I·Q·쑥·쑥·두·뇌·유·머
빌 게이츠 이야기 1

빌 게이츠가 죽어서 염라대왕 앞에 갔다.
저승사자가 천당과 지옥의 모습을 보여 주며, 둘 중 한 곳을 고르라고 했다.
모니터로 보이는 천당은 특별할 것이 없었으나, 지옥은 수많은 미녀들과 탐스러운 과일, 재미있는 놀거리 등 천상낙원으로 보였다.
빌 게이츠는 주저없이 지옥으로 가겠다고 말했다.
하지만 정작 지옥으로 가 보니 천상낙원의 모습은 찾을 수가 없었다. 불구덩이 속에서 사람들이 중노동에 시달리고 있었다.
빌 게이츠가 염라대왕에게 따졌다.
"모니터의 모습과 실제의 모습이 왜 이렇게 다릅니까?"
그러자 염라대왕이 웃으며 대답했다.
"그것은 데모 버전이었느니라."

*데모(demo) : 컴퓨터 프로그램이나 하드웨어의 성능을 보여 주기 위한 시범.

I·Q·쑥·쑥·두·뇌·유·머

누가 똥쌌어?

옛날, 건망증이 매우 심한 남자가 갓을 나뭇가지에 묶고 있었다.
지나가던 사람이 물었다.
"아니, 왜 갓을 거기에 매시오?"
"지금 용변이 너무 급한데, 내가 건망증이 엄청 심하거든요. 갓을 이렇게 걸어 두면 일어날 때 머리에 부딪힐 것이니 잊어버리는 일이 없지 않겠소."
"허허, 지혜가 대단하구려. 볼일 잘 보시오."
그 사람이 지나가고 용변을 마친 남자가 일어서는데 머리에 무엇인가가 탁 부딪혔다. 쳐다보니 갓이었다.
"이게 웬 갓이지? 횡재했는걸."
기쁜 마음에 덩실덩실 춤을 추던 남자는 그만 자기가 싸 놓은 똥을 밟고 말았다.
"에잇, 재수 없어. 어느 망할 자식이 여기다 똥을 싼 거야?"

밥의 부작용

❶ 밥을 먹지 않았던 원시 시대에는 암, 성인병 등의 치명적인 질병이 없었다.
❷ 우리나라 강간범의 98% 이상이 매일 밥을 먹고 있다.
❸ 우리나라 흉악범의 90% 이상이 밥을 먹은 뒤 24시간 이내에 범죄를 저지르고 있다.
❹ 비리 공직자들은 청탁자들로부터 1회 이상 밥을 제공받은 것으로 드러났다.
❺ 우리나라 비만 여성의 90% 이상이 밥을 먹고 있다.
❻ '밥이 보약'이라며 밥이 의약품으로 불법 유통되기도 한다.
❼ 밥은 상대방에게 모욕을 주기도 한다.
"너 정말 밥맛이야!"

I·Q·쑥·쑥·두·뇌·유·머

미운 사람

한 성당에서 신부님이 설교를 하고 있었다.
"이 세상에 싫어하는 사람이 한 명도 없는 분은 손을 들어 보세요."
아무런 반응이 없자, 신부님이 또 한 번 물었다.
"아무도 없습니까?"
그때 저 뒤에서 할아버지 한 분이 손을 들었다.
신부님이 감격스러운 목소리로 물었다.
"할아버님, 어떻게 하면 싫어하는 사람이 한 명도 없을 수 있을까요?"
그러자 할아버지가 한숨을 쉬며 말했다.
"응, 있었는데 다 죽었어."

I·Q·쑥·쑥·두·뇌·유·머

하느님께서는…

목사님이 텃밭에 갖가지 과일나무를 심고 정성껏 가꾸었다.
감, 사과가 탐스럽게 익자, 개구쟁이들이 그것을 몰래 따 먹곤 했다.
목사님은 곰곰 생각한 끝에 다음과 같은 팻말을 꽂아 놓았다.
'하느님께서는 모든 것을 보고 계십니다.'
목사님은 개구쟁이들의 양심을 믿고 교회로 돌아갔다.
그러나 다음 날 텃밭에 가 보니 과일은 과일대로 없어졌을 뿐 아니라 팻말에 한마디가 더 추가되어 있었다.
"그러나 하느님께서는 절대로 비밀을 지켜 주십니다."

I·Q·쑥·쑥·두·뇌·유·머

무식하면 유머도 못해

친구 둘이 이야기를 하고 있었다.
"자네, 퀴즈 하나 맞혀 보겠나? 빈속에 빵을 몇 개나 먹을 수 있을 거라고 생각하나?"
"글쎄, 한 5개 정도."
"하하하, 틀렸네. 자네는 하나밖에 못 먹네. 하나를 먹으면 더 이상 빈속이 아니질 않는가?"
"푸하하, 그거 참 재밌군. 당장 마누라에게 써 먹어야겠네."
그 남자는 집으로 돌아와 아내를 찾았다.
"마누라~, 내가 퀴즈 하나 낼 테니 맞혀 보겠어?"
"그러세요."
"당신은 빈속에 빵을 몇 개나 먹을 수 있을 거라고 생각해?"
"글쎄요, 한 2개?"
그러자 그 남자가 아쉬워하며 말했다.
"에이, 5개라고 하면 정말 재미있는 이야기를 알려 주려고 했는데……"

I·Q·쑥·쑥·두·뇌·유·머
아이디어는 좋았는데…

한 진공청소기 외판원이 시골집 문을 두드렸다.
할머니가 문을 열자 외판원이 말했다.
"할머니께 마법 같은 기적을 보여 드리겠습니다."
그러더니 화단에서 흙을 퍼와 바닥에 뿌렸다.
"할머니랑 저랑 내기를 하죠. 제가 이 진공청소기로 흙을 모두 빨아들이면 할머니가 이 청소기를 사시고, 안 된다면 제가 이 흙을 모두 먹겠습니다. 어떻습니까?"
그러자 할머니가 잠시 기다리라고 하더니 부엌에서 숟가락을 가져왔다.
"안됐지만 젊은이, 여기는 전기가 안 들어온다네."

I·Q·쑥·쑥·두·뇌·유·머
의사들의 오진

어느 종합 병원 의사 두 명이 벤치에 앉아 쉬고 있었다.
그때 어떤 남자가 다리를 꼬며 머리를 젖히고 들어오는데, 이마에서는 땀이 줄줄 흐르고 있었다.
한 의사가 말했다.
"뇌성마비 환자인가 보군."
다른 의사가 말했다.
"천만에. 저 사람은 간질이야."
가까이 온 그 남자가 의사들에게 물었다.

"저기, 화장실이 어디죠?"

I·Q·쑥·쑥·두·뇌·유·머

대한민국 만세!

세계 여러 나라 사람들이 비행기를 타고 가고 있었다. 그런데 갑자기 비행기가 흔들렸다.
부기장이 달려와 당황하는 승객들을 안정시키며 말했다.
"3명만 희생한다면 나머지는 살 수 있습니다."
그러자 프랑스 인이 비장한 표정을 짓더니 "죽음도 예술이다." 하면서 뛰어내렸다.
그 다음으로 미국인이 "세계 최강 미국!" 하면서 떨어졌다.
이제 1명 남았는데, 아무도 나가려는 사람이 없었다. 한참 고민하던 한국인이 앞으로 나섰다.
그는 "대한민국 만세!" 하며 옆에 있는 일본인을 잽싸게 밖으로 밀쳤다.

행·복·한·웃·음·바·다·유·머·뱅·크

쑥덕쑥덕 정치유머

-신랄하게 비꼬아도 꿈쩍 않는 강심장들-

쑥·덕·쑥·덕·정·치·유·머
모기의 식중독

어느 날 오후, 모기가 병원을 찾았다.
"선생님, 복통이 너무 심해 참을 수가 없어요."
"오늘 어디서 식사하셨지요?"
"모처럼 기름진 걸 먹고 싶어 국회 의사당까지 갔었는데요."
"헉, 그럼 국회 의원들의 피를?"
"예. 종류도 가지가지고 물도 좋다는 소문을 듣고 갔는데, 맛은 별로던데요."
의사 모기가 진찰도 하지 않고 즉석에서 처방을 내렸다.
"저런! 식중독입니다. 거긴 불량 식품이 우글거려요. 다음부터는 국회 의사당 근처에도 얼씬거리지 마세요."

쑥·덕·쑥·덕·정·치·유·머

나라는 구할 수 있습니다

대통령과 국무총리가 교통사고를 당해 어느 병원에 실려왔다.
기자들이 몰려와 의사에게 물었다.
"각하를 구할 수 있겠습니까?"
의사는 고개를 가로저었다.
"아뇨, 가망이 없습니다."
기자들이 다시 물었다.
"그럼 국무총리는요?"
의사는 또 고개를 가로저었다.
놀란 기자들이 한 목소리로 물었다.
"그럼 아무도 구할 수 없단 말입니까?"
그러자 의사가 밝은 목소리로 대답했다.
"나라는 구할 수 있게 되었습니다."

쑥·덕·쑥·덕·정·치·유·머

비상 탈출

정치인, 신부님, 학생이 탄 헬리콥터가 비행 중 고장이 났다.
"낙하산이 3개뿐입니다. 내가 하나 메고 시범을 보일 테니, 다음 사람은 나를 따라 내려오세요."
조종사가 이렇게 말하고 뛰어내렸다.
낙하산이 두 개만 남자 정치인이 머리를 썼다.
"난 나라를 위해 중요한 사람이니 먼저 갑니다."
그러고는 재빨리 아래로 뛰어내렸다.
눈을 감고 기도를 하던 신부님이 학생에게 말했다.
"학생, 난 살 만큼 살았네. 자네는 앞길이 창창하니 자네가 하나 남은 낙하산을 갖게. 빨리 서두르게! 어서!"
그러자 학생이 활짝 웃으며 말했다.
"신부님, 낙하산이 두 개인데요!"
"그게 무슨 말인가?"
"정치인이 제 배낭을 메고 갔거든요."

쑥·덕·쑥·덕·정·치·유·머

비둘기와 정치가

한 남자가 길거리를 걷고 있는 비둘기를 유심히 살펴보다가 친구에게 말했다.
"비둘기는 정치가하고 비슷한 것 같아."
그러자 친구가 물었다.
"어째서?"
남자가 진지하게 대답했다.
"땅에서는 고개를 조아리고 모이를 주워 먹지만, 하늘로 날아오르면 우리에게 똥을 싸 대잖아."

쏙·덕·쏙·덕·정·치·유·머

정치인의 뇌

굉장한 부자가 중병에 걸려 병원을 찾았다.
부자를 진찰한 의사가 말했다.
"뇌가 심각하군요. 뇌 이식밖에 방법이 없습니다. 그런데 수술 비용이 어마어마한데요."
그러자 부자가 다행스러운 얼굴로 물었다.
"돈은 걱정하지 마세요. 그럼 저는 살 수 있단 말씀이지요?"
"그럼요. 지금 이식할 수 있는 뇌가 세 개 있습니다. 하나는 대학교수의 것으로 값은 3억입니다."
"돈 걱정은 하지 말라니까요. 다른 건요?"
"다음 것은 과학자의 뇌로 값은 5억입니다."
"5억? 괜찮습니다. 과학자의 뇌라면 내가 엄청나게 똑똑해지겠군요. 그럼 다른 하나는 어떤 겁니까?"
"남은 하나는 정치인의 뇌입니다. 값은 100억이고요."
부자가 의아해서 물었다.
"100억! 그건 왜 그렇게 비싸지요?"
의사가 빙그레 웃으며 대답했다.
"그건 거의 사용하지 않았거든요. 새것이나 다름없지요."

쑥·덕·쑥·덕·정·치·유·머
속보입니다!

텔레비전의 뉴스 속보!
"테러범들이 지금 국회의사당을 점령한 채 다수의 국회 의원들을 인질로 잡고 있습니다. 그들은 자기들의 요구가 관철되지 않으면 10분에 한 명씩 국회 의원들을 풀어 주겠다고 협박하고 있습니다."

쑥·덕·쑥·덕·정·치·유·머
장차 뭐가 될는지

돌잔치를 하기 위해 돌상에 지폐와 소주, 성경을 차례차례 놓아둔 남편에게 아내가 물었다.
"여보, 이게 다 뭐예요?"
남편이 웃으며 말했다.
"응, 돈은 사업가, 성경은 목사, 소주는 술꾼을 뜻해. 우리 똘이가 뭘 집을지 너무 궁금하군."
드디어 돌잡이 시간이 왔다. 똘이는 지폐를 집어 손에 쥐고, 성경은 겨드랑이에 끼더니, 다른 손으로는 소주를 들었다.
그러자 아버지가 한숨을 쉬며 말했다.
"허, 이 녀석은 정치가가 되려나 봐."

쑥·덕·쑥·덕·정·치·유·머

독재자의 우표

어떤 독재자가 자신을 모델로 한 우표를 만들었다. 독재자는 국민들의 반응이 궁금해서 직접 거리로 나가 우체국 직원에게 물어보았다.
"우표는 잘 팔리는가?"
"예, 사는 사람은 많습니다. 그런데 우표가 종이에 잘 붙지 않는다고 불평이 심합니다."
독재자는 우표 한 장을 들고 침을 묻혀 붙여 보았다. 우표는 기가 막히게 잘 붙었다.
"아니, 이렇게 잘 붙는데 무슨 소린가?"
그러자 우체국 직원이 쩔쩔매며 말했다.
"그게…… 사람들이 뒷면이 아니라 앞면에다 침을 뱉거든요."

쑥·덕·쑥·덕·정·치·유·머
국회에서 생긴 일

수의사 출신 정치인이 토론회에 참석했다. 그곳에는 다른 당의 정치인도 나와 있었다.
수의사 출신 정치인이 발언을 마치자, 다른 당의 정치인이 피식 웃으며 말했다.
"당신, 수의사 출신이죠? 짐승들 병이나 고치지 무슨 정치를 하겠다고……."
참석자들은 숨을 죽인 채 수의사 출신 정치인의 반응을 기다렸다. 멱살이라도 거머쥘 게 틀림없다고 생각했기 때문이다.
하지만 수의사 출신 정치인은 태연한 얼굴로 침착하게 말했다.
"그래서 여기 나왔지요. 짐승들 병 고치러. 어디가 불편하십니까?"

공기만 먹고 사는 도사

쑥·덕·쑥·덕·정·치·유·머

뇌물은 안 돼!

한 기업인이 정치인에게 자동차를 선물했다.
그러자 정치인이
"자동차는 뇌물이라 받을 수 없습니다."
하고 거절했다.
기업인은 잠시 생각하더니 미소 지으며 말했다.
"정 그렇다면 돈을 내고 사시면 될 게 아닙니까?
10만 원 내시지요."
그러자 정치인이 웃으며 말했다.
"그렇다면 두 대 삽시다."

쑥·덕·쑥·덕·정·치·유·머

못된 짓만 골라 할 사람

술에 흥건히 취한 사람이 경찰서 앞을 지나다가 경찰관에게 다가가 물었다.
"경찰 양반, 여기 붙어 있는 놈들은 무슨 나쁜 짓을 한 놈들입니까?"
"아저씨, 이건 현상 수배 사진이 아니라 국회 의원 선거용 포스터입니다."
그러자 술취한 사람이 말했다.
"아! 그럼 앞으로 못된 짓만 골라 할 놈들이군."

쑥·덕·쑥·덕·정·치·유·머
링컨 대통령과 구두

링컨 대통령이 백악관에서 구두를 닦고 있었다. 그 광경을 본 각료가 어쩔 줄 몰라 하며 물었다.
"아니, 각하께서 손수 구두를 닦으시다니요! 말도 안 됩니다!"
그러자 링컨이 빙그레 웃으며 대꾸했다.
"말이 되잖고요. 그럼 제가 남의 구두를 닦아 주어야 합니까?"

쑥·덕·쑥·덕·정·치·유·머
정치인의 묘비명

어떤 정치인이 죽기 직전에 자신의 묘비에 이런 말을 써 달라고 부탁했다.

'나는 국가를 위해 헌신하였으며, 언제나 법에 의거하여 약자의 편에 서려고 노력하였고, 재벌들의 비리를 파헤치는 데 주력했고, 남들이 나의 깊은 뜻을 몰라줘도 언젠가는 알아줄 것이라는 마음으로 소신 있게 일을 처리하였으며, 순간의 인기에 연연하지 않고 먼 장래를 내다보고 일하였으며, 그로 인해 나의 인기가 바닥이었음에도 신경 쓰지 않았고, 나의 뜻을 후세는 알아줄 것이라고 생각하며 끝까지 열심히 노력하다가 여기 잠들다.'

석공은 난감했다. 묘비에 새기기엔 너무 긴 글이었기 때문이다. 그래서 석공은 이렇게 새겼다.

'마침내 입을 다물다.'

행·복·한·웃·음·바·다·유·머·뱅·크

두근두근 남녀유머

-영원히 풀리지 않는 남자와 여자의 수수께끼-

두·근·두·근·남·녀·유·머
된장과 고추장

된장과 고추장이 뜨겁게 연애하다 결혼을 하기로 약속했다.
그런데 고추장이 마음에 찔리는 것이 하나 있어 고백하기로 했다.
"미안해요. 제가 거짓말을 했어요. 실은 저 수입 고추장이에요."
그러자 된장이 덤덤하게 말했다.
"괜찮아, 사실은 나도 똥이야."

두·근·두·근·남·녀·유·머

소원이 많아서…

어느 날, 한 아가씨가 길에서 요술 램프를 주웠다.
램프를 쓱쓱 문지르니 요정이 나타나서 말했다.
"소원을 들어드리겠습니다. 단, 한 가지만입니다."
그녀는 고민이 되었다. 돈도 가지고 싶고, 남자도
만나고 싶고, 결혼도 하고 싶었다.
그런데 갑자기 기발한 생각이 떠올랐다.
'그래, 한 번에 다 말하면 되겠다!'
그래서 램프의 요정에게 말했다.
"돈, 남자, 결혼!"

아가씨는 '정신이 돈 남자'와 결혼했다.

두·근·두·근·남·녀·유·머

괴한보다 무서운 노처녀

마흔이 되도록 시집을 못 간 노처녀가 있었다.
어느 날, 평소보다 늦게 돌아오던 노처녀는 골목에 들어서다 괴한에게 붙들렸다.
당황한 노처녀가 말했다.
"이거 놔주세요."
"절대로 놔줄 수 없다."
"그럼 소리 지를 거예요."
"마음대로 해 봐."
그러자 노처녀가 동네가 떠나가라 외쳤다.
"동네 사람들, 저 이제 시집가요!"

번번만화 _____ 세탁기

두·근·두·근·남·녀·유·머

여자가 남자를 차는 이유

1. 당신은 오빠 같아서요. ⋯▸ '넌 너무 고지식해.'
2. 나이 차가 너무 커요. ⋯▸ '아빠랑 사귀고 싶진 않거든.'
3. 제가 그런 면에선 매력이 없나 봐요. ⋯▸ '넌 너무 못생겼어.'
4. 지금 제 처지가 너무 복잡해요. ⋯▸ '다른 남자들 전화 때문에 열받아 죽을걸.'
5. 남자 친구가 있어요. ⋯▸ '널 사귀느니 혼자 산다.'
6. 한 사무실에서 일하는 남자는 곤란해요. ⋯▸ '한 사무실이 아니라 같은 태양계에 존재한다는 사실이 짜증난다.'
7. 당신이 아니라 저 때문이에요. ⋯▸ '너 때문이야!'
8. 일 때문에 정신이 없어요. ⋯▸ '일이 아무리 지겨워도 너랑 데이트하는 것보다는 낫겠다.'
9. 남자 사귀는 거 자제하기로 했어요. ⋯▸ '너무 많아서 관리가 안 돼.'
10. 친구로 지내요. ⋯▸ '넌 2% 부족해.'

두·근·두·근·남·녀·유·머

남자가 여자를 차는 이유

1. 넌 내 여동생 같아. ⋯▶ '넌 너무 못생겼어.'
2. 나이 차이가 너무 나. ⋯▶ '넌 너무 못생겼어.'
3. 제가 그런 면으론 매력이 없나 봐요. ⋯▶ '넌 너무 못생겼어.'
4. 지금 내 처지가 너무 복잡해. ⋯▶ '넌 너무 못생겼어.'
5. 여자 친구 있어. ⋯▶ '넌 너무 못생겼어.'
6. 한 사무실에서 일하는 여자는 곤란해. ⋯▶ '넌 너무 못생겼어.'
7. 너 때문이 아니라 나 때문이야. ⋯▶ '넌 너무 못생겼어.'
8. 일 때문에 정신이 없어. ⋯▶ '넌 너무 못생겼어.'
9. 여자 사귀는 거 자제하기로 했어. ⋯▶ '넌 너무 못생겼어.'
10. 친구로 지내자. ⋯▶ '넌 너무 못생겼어.'

두·근·두·근·남·녀·유·머

저 60킬로 안 넘어요

사귄 지 얼마 안 된 한 커플이 있었다. 둘이 드라이브를 하던 중 이런저런 이야기를 나누고 있는데 갑자기 문이 덜컥 잠겼다.
깜짝 놀란 여자가 물었다.
"어머, 왜 차문을 잠그고 그러세요?"
그러자 남자가 약간 무안해하며 대답했다.
"아~ 그게요, 제 차는 60킬로가 넘으면 저절로 잠기거든요."
순간, 화가 난 여자.
"저 60킬로 안 넘거든요!"

두·근·두·근·남·녀·유·머
노처녀의 기도

어떤 노처녀가 매일 교회에 나와 기도를 했다.
"하느님, 저는 신랑이 필요합니다. 저를 위해 좋은 남자를 보내 주세요."
그러나 하느님께선 그녀에게 좋은 신랑감을 보내 주시지 않았다.
노처녀가 기도하는 것을 본 목사님이 조용히 그녀를 불러 충고했다.
"자매님, 자신을 위해 기도하기보다 내 주변의 사람을 위해 기도해 보세요. 그러면 자매님의 뜻이 더 잘 전달될 것입니다."
다음 날부터 노처녀의 기도가 바뀌었다.
"하느님, 제 부모님껜 사위가 필요합니다. 제 부모님을 위해 좋은 사위를 보내 주세요."

두·근·두·근·남·녀·유·머

직업별 프로포즈

형사 : 내 심장을 훔쳐간 죄로 당신을 체포합니다. 당신은 묵비권을 행사할 권리도, 변호사를 선임할 권리도 없어요. 모든 물음에 '예'로만 대답해야 합니다. 나와 결혼해 주겠어요?

사진사 : 나를 봐요. 웃어요. 좋아요. 한 번만 더! 방금 그 표정으로 내 청혼을 받아 주었으면 해요.

신문 기자 : 이미 청첩장 돌렸어요.

판사 : 내가 왜 그 힘들다는 사법 고시에 악착같이 패스해서 이 자리에 섰는지 아세요? 당신 앞에 섰을 때 당당해지기 위해서, 당신을 지켜 주기 위해서요. 나하고 결혼해 주세요. 대답은 지금 안해도 됩니다. 4주 후에 해 주세요.

유명 과외 교사 : 결혼이 인생의 전부는 아닙니다만, 인생을 바꿔 버리는 힘을 갖고 있다는 것을 잘 아실 겁니다. 일류 결혼으로 가는 지름길, 제가 함께하겠습니다.

홈쇼핑 호스트 : 자, 시간이 얼마 남지 않았습니다. 여기저기서 계속 연락이 오고 있어요. 저하고 결혼하려거든 지금 당장 말씀해 주세요.

두·근·두·근·남·녀·유·머

못 알아봤어

어떤 중년 여인이 심장마비를 일으켜 병원에 실려 갔다. 여인은 정신을 잃었을 때 하느님을 만났다.
"이제 저는 죽게 되나요?"
"아니다. 넌 30년은 더 살 것이다."
그녀는 병이 회복되었음에도 조금 더 병원에 머물면서 주름 없애는 주사를 맞고, 지방도 제거하고, 가슴도 키웠다. 30년을 더 살게 될 텐데 기왕이면 예쁘게 살고 싶었던 것이다.
그리고 퇴원하는 날, 그녀는 병원 문을 나서다 달려오는 앰뷸런스에 치여 세상을 떠나고 말았다.
그녀는 억울한 나머지 하느님께 따졌다.
"제가 30년은 더 살 거라면서요?"
그러자 하느님이 당황한 목소리로 변명했다.
"미안. 너무 많이 뜯어고쳐서 내가 못 알아봤다."

두·근·두·근·남·녀·유·머
그걸 왜 몰랐지?

평생 독신으로 산 할아버지가 놀이터 의자에 앉아 있었다. 동네 꼬마들이 몰려와 할아버지에게 옛날 이야기를 해 달라고 졸랐다.
할아버지는 이야기를 시작했다.
"옛날에 어떤 남자가 한 여자를 사랑했단다. 그 남자는 용기를 내어 여자에게 결혼해 달라고 했지. 그러자 여자가 두 마리의 말과 다섯 마리의 소를 갖고 오라는 거야. 남자는 열심히 돈을 모았지만, 두 마리의 말과 다섯 마리의 소를 살 수 없었어. 결국 남자는 혼자 늙어 가면서 할아버지가 되고 말았지."
열심히 이야기를 듣던 한 꼬마가 대수롭지 않다는 듯 말했다.
"할아버지, 두 마리의 말이랑 다섯 마리의 소면 '두말 말고 오소.'라는 뜻 아니에요?"
그러자 할아버지가 무릎을 탁 치더니,
"아이고, 내가 그걸 왜 몰랐을까? 벌써 50년이 흘러 버렸네."

두·근·두·근·남·녀·유·머

여자를 침묵시키는 법

어느 아파트 반상회 날, 여자들 사이에 싸움이 벌어졌다.

경비원이 싸움을 말리러 오자, 여자들은 각자 자신의 입장을 밝히기 시작했다. 하지만, 여러 명이 한꺼번에 떠들어 대므로 경비원은 그들의 이야기를 제대로 알아들을 수 없었다.

참다 못한 경비원이 말했다.

"모두가 한꺼번에 말하면 알아들을 수가 없잖아요. 제일 나이 많은 사람부터 이야기해 보세요."

그러자 아무도 이야기를 하려고 하지 않아 싸움은 흐지부지되고 말았다.

두·근·두·근·남·녀·유·머

포도 다이어트

살을 빼려고 포도 다이어트를 시작한 아가씨가 있었다.
포도만 먹고 밥을 먹지 않던 아가씨는 일 주일이 되는 날 갑자기 정신을 잃고 쓰러졌다.
아가씨는 119 구급차에 실려 병원으로 갔다.
아가씨의 어머니가 근심 어린 얼굴로 의사에게 물었다.
"저, 선생님. 영양실조이지요?"
의사는 고개를 저으며 말했다.
"아닙니다. 따님은 농약 중독입니다."

두·근·두·근·남·녀·유·머

누구와 결혼하지?

한 남자가 자신을 사랑하는 세 명의 여자를 놓고 고민에 빠졌다. 그는 세 여자에게 각각 천만 원씩 주고 그 돈을 어떻게 쓰는지 지켜보기로 했다.

첫 번째 여자는 비싼 옷과 구두를 사고 유명 미용실에 가서 자신을 꾸민 후 남자에게 와서 말했다.

"당신을 사랑해. 그러니까 당신의 아내가 최고라고 모두가 생각하길 원해."

두 번째 여자는 남자의 옷과 구두, 결혼 후 쓸 살림살이 등을 산 후 남자에게 말했다.

"당신이 가장 소중해. 그래서 당신을 위해 모든 돈을 썼어."

마지막 여자는 주식을 사서 천만 원의 돈을 두 배로 불려 남자에게 주었다.

"당신을 사랑해요. 내가 현명한 여자라는 걸 당신이 알아주었으면 해요."

남자는 고민 끝에 세 명 중 가슴이 가장 큰 여자와 결혼했다.

두·근·두·근·남·녀·유·머
수영장에서 생긴 일

눈부시게 아름다운 여자가 수영장에 갔다. 그곳에 있는 청년들 모두 그 여자를 훔쳐보기에 바빴다.
수영을 하던 여자가 물 위로 얼굴만 내민 채 친구에게 말했다.
"글쎄, 내가 수영복을 잃어버렸지 뭐야."
이 말을 들은 수많은 청년들이 수영장으로 뛰어들었다.
잠시 후 여자가 말했다.
"그래서 동생 거 빌려 입었어."

두·근·두·근·남·녀·유·머
뭘 상상했길래

과거를 보러 가던 선비가 하룻밤 신세를 지려고 외딴집에 들어갔다. 그곳에는 아리따운 과부가 혼자 살고 있었다.

과부는 외간 남자를 재울 수 없다고 거절했지만, 선비가 몇 번이고 부탁하자 고민 끝에 허락했다.

건넌방에 자리를 편 선비는 절색인 과부가 자꾸 떠올라 잠을 이룰 수 없었다.

선비가 이리 뒤척 저리 뒤척 하는데, 과부가 문을 두드리며 이렇게 말하는 것이 아닌가.

"저, 선비님. 혼자 주무시기 적적하시지요?"

선비는 떨리는 가슴을 가까스로 누른 채 대답했다.

"예, 솔직히 말하면 그렇습니다."

그러자 과부가 말했다.

"잘됐네요. 마침 길 잃은 노인이 한 분 오셨거든요."

두·근·두·근·남·녀·유·머

내가 제일 급해!

세 명의 여자와 한 명의 남자가 이야기를 나누고 있었다. 그들의 화제는 결혼을 하고 싶어 하는 남자의 친구였다.
스무 살 여자가 물었다.
"그 사람 잘생겼어요?"
이어 서른 살 여자가 물었다.
"그 사람 월급이 얼마나 돼요?"
마지막으로 서른다섯 살 여자가 물었다.

그 사람 지금 어디 있어요?

원자의 크기

*원자(原子) : 각 원소의 각기의 특징을 잃지 않는 범위에서 도달할 수 있는 최소의 미립자.

두·근·두·근·남·녀·유·머

번지수가 틀려

'선녀와 나무꾼'의 선녀가 나무꾼이 옷을 훔쳐가기만을 기다리며 목욕을 하고 있었다. 그런데 아무리 기다려도 나무꾼이 오지 않았다.

급기야 선녀는 옷을 챙겨 입고 나무꾼을 찾아 나섰다. 물어 물어 나무꾼의 집에 도착한 선녀.

그런데 나무꾼은 잠에 곯아떨어져 선녀가 다가오는 것도 몰랐다.

화가 난 선녀가 나무꾼을 흔들어 깨우며 말했다.

"야! 일어나! 지금이 어느 땐데 자빠져 자고 있냐? 네가 옷을 감춰 줘야 얘기가 제대로 될 거 아냐!"

나무꾼이 눈곱이 잔뜩 낀 눈으로 말했다.

"전 '금도끼 은도끼'의 나무꾼인데요."

두·근·두·근·남·녀·유·머

대단한 고해성사

한 노인이 고해 성사를 하러 방에 들어갔다.
건너편 방에서 신부님이 물었다.
"할아버님, 무슨 일로 오셨나요?"
"신부님, 제가 여섯 달 전에 스무 살 아가씨를 만나 외도를 하고 말았습니다."
신부님이 이상한 듯 물었다.
"여섯 달 전이라고 하셨나요? 그럼 지금껏 성당에는 안 오셨습니까?"
"성당엔 평생 한 번도 온 적이 없어요. 전 불교 신자거든요."
"그럼 왜 여기 와서 이야기를 하십니까?"
그러자 노인이 허허 웃으며 말했다.
"동네 사람들한테 다 자랑했는데, 신부님에게만 안 했거든요."

누가 내 밥에 가시를

두·근·두·근·남·녀·유·머

눈에 멍이 든 이유

눈가가 시퍼렇게 멍든 남자가 친구와 술을 마시고 있었다.
친구가 물었다.
"자네, 유부녀와 놀아났단 말이지?"
"응, 어제 그 남편과 딱 마주쳤지 뭐야."
"그래서 어떻게 했는데?"
"수도를 고치러 왔다고 했지."
"오호, 머리를 잘 굴렸군. 그런데 눈은 왜 그래?"
남자가 술을 들이켜면서 말했다.
"그 남편이 수도 고치는 사람인 줄 미처 몰랐거든."

두·근·두·근·남·녀·유·머
램프의 요정

어떤 아가씨가 길에서 램프를 주웠다. 혹시나 싶어 램프를 스윽 문지르자 램프의 요정이 나타나 소원을 하나 들어주겠다고 말했다.
여자는 곰곰 생각하다 지도를 펼치고 말했다.
"내 소원은 여기 중동의 평화예요."
요정이 지도를 살펴보더니 말했다.
"중동은 옛날 옛적부터 골치 아픈 곳이에요. 내 능력으로는 어려운 소원이니, 다른 것을 말해 봐요."
"그렇군요. 그럼 능력도 좋고, 친절하고, 집안일도 잘 도와주고, 잠자리에서도 훌륭하고, 내 가족들과도 잘 지내고, 술과 담배를 안하고, 매사에 성실한 그런 남자를 나의 반려자로 주세요."
그러자 요정이 말했다.
"아까 그 지도 다시 펴봐요!"

두·근·두·근·남·녀·유·머

사과 값

아름다운 아가씨가 할머니와 함께 과일 가게에 들렀다. 아가씨가 주인에게 물었다.
"아저씨, 이 사과 한 개에 얼마예요?"
"뽀뽀 한 번 해 주면 그냥 드리리다."
"좋아요, 그럼 다섯 개만 주세요."
가게 주인은 사과 다섯 개를 주며 볼을 내밀었다.
"자, 여기다 계산해 줘요."
그러자 아가씨가 방긋 웃으며 할머니를 가리켰다.
"계산은 저희 할머니가 하실 거예요."

두·근·두·근·남·녀·유·머

여자 뱃사공

옛날에 어떤 남자가 강을 건너려고 배를 탔는데, 뱃사공이 젊은 여자였다.
그 남자가 여자 뱃사공에게 말했다.
"여보, 마누라!"
"어째서 내가 댁의 마누라란 말예욧?"
뱃사공 여자가 쏘아붙이자 남자가 껄껄 웃었다.
"당신 배에 올라탔으니, 내 마누라지."
강을 다 건너서 사람들이 배에서 내리는데, 여자 뱃사공이 남자를 바라보며 말했다.
"아들아!"
"내가 어떻게 댁의 아들이오?"
이번에는 여자가 빙글빙글 웃었다.
"내 뱃속에서 나갔으니 내 아들 아닌가?"

두·근·두·근·남·녀·유·머
남자와 여자의 반응

질문 ❶ 소개팅 할래?
여자 : 차는 있어?
남자 : 예쁘냐?

질문 ❷ 나한테 여동생 있는데……
여자 : 만날 싸우겠다.
남자 : 예쁘냐?

질문 ❸ 나 애인 생겼어.
여자 : 너무 잘됐다.
남자 : 예쁘냐?

질문 ❹ 나 어제 탤런트 봤어.
여자 : 실물은 어때?
남자 : 예쁘냐?

두·근·두·근·남·녀·유·머
스무살 처녀와 결혼하는 방법

70살 노인이 20살 처녀와 결혼식을 올렸다.
노인의 친구가 결혼식장에 와 노인을 부러워하며 물었다.
"자네, 재주도 좋군. 자네가 아무리 부자라지만, 스무 살짜리 처녀와 결혼을 하다니, 도대체 그 비결이 뭔가?"
노인이 친구에게 다가오더니 귓속말로 말했다.
"저 애에게 아흔 살이라고 거짓말을 했다네."

행·복·한·웃·음·바·다·유·머·뱅·크

배꼽잡는 언어유머

-언어 생활이 풍부하면 인간관계도 좋아진다.-

배·꼽·잡·는·언·어·유·머

아차, 실수! 문자 메시지

1. 한창 공을 들이고 있는 그녀에게 "너 심심해?"라고 보내려던 문자, **"너 싱싱해?"** 라고 잘못 보내는 바람에 그대로 차인 재수 꽝인 남자.

2. 남자 친구와 이별한 날 펑펑 울고 있는데 그 남자 친구가 보낸 문자, **"좋은 감자 만나"**

3. 차인 남자에게 마지막으로 "나 오늘 또 울었다"라고 보내려던 문자, **"나 오늘 똥루었다"**

4. "선생님도 주말 잘 보내세요"라고 보내려던 문자, **"선생니도 주말 잘 보내세요"**

5. "할머니 중풍으로 쓰러지셨어"라고 보내려던 문자, **"할머니 장풍으로 쓰러지셨어"**

6. 학원 끝나고 "엄마 데리러 와"라고 보내려던 문자, **"임마 데리러 와"**

7. 학교 수업 시간에 아버지께 온 문자,
"민아야 아빠가 너 엄창 사랑하는 거 알지?"

8. 봉사 활동 하러 가는데 어머니께 온 문자,
"어디쯤 기고 있니?"

9. 인터넷 용어 '즐'이 무슨 뜻인지 물어보시는 어머니께 '즐겁다'는 뜻이라고 가르쳐 드리자 수업 시간에 온 어머니의 문자, **"우리 아들 공부 즐"**

10. 올 때 전화하라고 말씀하시려던 어머니의 문자, **"올 때 진화하고 와"**

11. 신발 사이즈를 묻는 어머니의 문자,
"너 시발 사이즈 몇이야"

12. 특수 문자를 쓸 줄 모르시는 어머니께서 보내신 문자, **"너 지금 어디야 물음표"**

배·꼽·잡·는·언·어·유·머
그럴싸한 대답

절 좋아하세요? ⋯▶ 저는 성당 좋아해요.
절 좋아하세요? ⋯▶ 그럼 해남 대흥사에 한번 가 보세요. 절이 참 훌륭해요.
네가 정말 원한다면 ⋯▶ 난 네모할게.
너 남자랑 해 봤어? ⋯▶ 난 내 자랑만 해.
삶은 ⋯▶ 계란이야.
보내지 않을 거야. ⋯▶ 가위 낼 거야.
나 묻고 싶은 거 있는데. ⋯▶ 삽 줄까?
그게 무슨 말이야? ⋯▶ 얼룩말
이젠 말할게. ⋯▶ 넌 소해.
너 죽을 준비해. ⋯▶ 난 밥을 준비할 테니.
날 생각하지 마. ⋯▶ 기지도 못하면서.
　　　　　　　　날개도 없으면서….
너 못생겼다고 소문났어. ⋯▶ 나는 망치 생겼는데.
너 정말 밥맛없어. ⋯▶ 넌 정말 국맛없어.

 # 기름 넣었어요

배·꼽·잡·는·언·어·유·머
재치있는 수녀

밤이 깊은 시각, 두 명의 수녀가 수녀원으로 가는 길이었다. 그런데 수상한 남자가 둘을 따라오는 게 아닌가.
눈치를 챈 선배 수녀가 젊은 수녀를 재촉했다.
"빨리 가자."
그래도 수상한 남자가 계속 따라오자 선배 수녀가 말했다.
"둘이 헤어져서 가자. 무사한 한쪽이 수녀원에 알리기로 하고……."
두 수녀는 서로 갈라져서 뛰었다.
선배 수녀는 죽을힘을 다해 수녀원에 도착했다. 그런데 저 멀리서 젊은 수녀가 여유있게 걸어오고 있는 게 아닌가!
"무사했구나. 어떻게 빠져나왔니?"
"그냥 잡혀 줬습니다."
"오, 하느님. 이게 어찌된 일이야?"
"그냥 스커트를 추어올렸습니다."

"뭐라고? 오, 하느님. 용서를~"
"그 남자가 좋다고 바지를 내리더군요."
"주여~ 그럼 볼장 다 보았단 말이냐?"
젊은 수녀가 웃으며 대답했다.
"수녀님도 참~. 치마 올린 여자하고 바지 내린 남자하고 누가 더 빨리 뛰겠어요?"

배·꼽·잡·는·언·어·유·머

화가 난 이유

조폭 두목이 온라인으로 돈을 입금하려고 은행에 갔다. 입금할 통장의 계좌 번호를 깜빡 잊고 온 두목은 부하에게 전화를 걸었다.
"계좌 번호 좀 불러 봐라."
그 통장의 계좌 번호는 5555-3333-1111-0000이었다.
"예, 형님. 그럼 부르겠습니다. 5555 다시"
"그래, 다시"
"3333 다시"
"다시……."
"1111 다시"
그러자 조폭 두목이 화난 목소리로 쏘아붙였다.
"야, 너 죽고 싶어? 처음부터 잘 불러야지 왜 자꾸 다시 하냐. 이런 싸가지 없는……."

배·꼽·잡·는·언·어·유·머
비나이다 비나이다

옛날, 어느 선비가 길을 가는데 치성을 드리는 여인이 보였다.
"이보시오, 목이 말라서 그러니 그 물 좀 마시면 안 되겠소?"
여인이 말했다.
"이것은 물이 아닙니다."
의아한 선비가 되물었다.
"그럼 무엇이오?"
"죽입니다."
"아니, 죽을 떠 놓고 빌어요?"
그러자 여인이 천연덕스럽게 말했다.
"옛말에 '죽은 사람 소원도 들어준다'고 하지 않습니까?"

배·꼽·잡·는·언·어·유·머
같이 가, 처녀!

공주병 할머니가 길을 걷고 있는데, 뒤에서 "같이 가, 처녀!" 하는 소리가 들렸다.
주변을 둘러보니 저 뒤에 트럭 한 대가 있었다. 할머니는 하루 종일 기분이 좋았다.
'우아! 내가 아가씨로 보일 만큼 젊어 보이나 봐.'
며칠 후, 할머니는 오랜만에 화장도 하고 옷도 예쁘게 입고 다시 그 길로 나섰다.
아니나 다를까, 뒤에서 또 "같이 가, 처녀!" 하는 소리가 들렸다.
그 트럭 가까이 다가가던 할머니는 휘청거리며 바닥에 쓰러졌다.
트럭 아저씨가 이렇게 외치고 있었기 때문이다.
"갈치가 천 원!"

배·꼽·잡·는·언·어·유·머

감, 운명을 달리하다

어느 마을에 감이 살고 있었다. 이 감은 너무 못생겨서 친구들이 감자라고 놀려 댔다.
"야, 저기 감자다." "감자…감자…."
감자라는 놀림에 극도의 스트레스를 받은 감은 노이로제에 걸려 병원에 입원하게 되었다.
의사가 감의 친구들을 불러 주의를 주었다.
"환자는 안정해야 합니다. 조금이라도 스트레스를 받으면 홍시가 되어 터져 죽습니다. 명심하세요!"
감의 친구들은 앞으로는 감자라고 부르지 않기로 했다. 그들은 감에게 다가가 한마디씩 했다.
"감, 그동안 미안했다." "어서 빨리 나아, 감."
그러나 단단히 삐친 감은 등을 돌리고 누운 채 꼼짝도 하지 않았다.
그러자 한 친구가 감에게 살며시 다가가 말했다.
"감, 자?"
울화가 치민 감은 홍시가 되어 터져 죽고 말았다.

배·꼽·잡·는·언·어·유·머

며느리가 시어머니에게 하는 거짓말

5위: 저도 어머님 같은 시어머니 될래요.
4위: 전화드렸는데 안 계시더라고요.
3위: 어머니가 한 음식이 제일 맛있어요.
2위: 용돈 적게 드려 죄송해요.
1위: 벌써 가시게요? 며칠 더 있다 가세요.

배·꼽·잡·는·언·어·유·머

시어머니가 며느리에게 하는 거짓말

5위: 좀 더 자거라. 아침은 내가 할 테니.
4위: 내가 며느리 땐 그보다 더한 것도 했다.
3위: 내가 얼른 죽어야지!
2위: 생일상은 뭘…. 그냥 대충 먹자꾸나!
1위: 난 널 딸처럼 생각한단다.

배·꼽·잡·는·언·어·유·머
꼼짝없이 죽게 생겼네

한 탐험가가 아마존 정글에 들어갔다 식인종 무리에게 포위되었다.
탐험가는 가슴이 덜컥 내려앉아 중얼거렸다.
"하느님, 이제 꼼짝없이 죽게 생겼습니다."
그러자 하느님의 목소리가 들렸다.
"아니다. 꼼짝없이 죽을 상황은 아니다. 발 밑에 돌이 있지? 그 돌을 들어 네 앞에 있는 추장의 머리를 내리치거라."
탐험가는 하느님의 말대로 했다.
피투성이가 된 추장을 보고 식인종들이 탐험가에게 우르르 모여들었다.
이때 하느님의 목소리가 들렸다.
"됐다, 아들아. 지금이 바로 꼼짝없이 죽을 상황이니라."

배·꼽·잡·는·언·어·유·머
시골 다방

대학생 커플이 시골에 놀러 갔다가 커피를 마시려고 다방에 들어갔다.
요란한 차림의 다방 아가씨가 다가와 물었다.
"뭘로 드릴까요?"
여자 대학생이 말했다.
"난 카라멜 마키아토."
그러자 남자 대학생이 말했다.
"그럼 난 아메리카노."
다방 아가씨가 짜증스러운 말투로 주방을 향해 소리쳤다.

"언니, 여기 커피 두 잔!"

배·꼽·잡·는·언·어·유·머

빌게이츠 이야기 2

빌 게이츠가 몸이 아파서 병원에 갔다.
빌 게이츠를 꼼꼼히 진찰한 의사가 고개를 설레설레 저으며 말했다.
"심각한 바이러스가 몸 안에 침투해 있습니다."
"약물로 치료가 안 됩니까?"
"안 됩니다."
"수술도 안 됩니까?"
"네, 불가능합니다. 현대 의학으로는 도저히 해결할 수 없는 신종 바이러스입니다."
그러자 빌 게이츠가 태연한 얼굴로 말했다.
"그럼 포맷해 주세요."

 손오공

배·꼽·잡·는·언·어·유·머

강도와 바보

어느 날, 바보가 사는 집에 강도가 들었다.
"꼼짝 마. 내가 낸 문제를 10초 안에 맞히면 널 살려 주겠다."
"네?"
"삼국 시대의 나라 이름들을 말해 보아라."
강도가 초를 재기 시작하는데 바보는 답을 알지 못했다. 10초가 거의 되었을 무렵 바보가 드디어 입을 열었고, 강도는 바보를 살려 주었다.
바보가 한 말,
"배째실라고그려?"
강도는 이렇게 들은 것이다.
'백제신라고구려'

배·꼽·잡·는·언·어·유·머

엉엉, 내 개밥!

식당 주인이 어린 아들의 부탁으로 강아지 한 마리를 키우게 되었다.
강아지를 데리고 놀던 아들이 아빠에게 말했다.
"아빠, 개밥 주세요."
"애야, 우리는 식당을 하기 때문에 개밥을 따로 살 필요가 없어. 손님들이 밥을 남기고 가면 그게 개밥이란다."
아들은 개밥을 주려고 손님 옆에서 기다렸다. 그런데 손님이 밥 한 공기를 모두 비웠다.
그러자 아들이 울먹거리며 외쳤다.
"아빠, 이 손님이 개밥까지 다 먹어 버렸어요."

배·꼽·잡·는·언·어·유·머

초코야, 저리 가

한 청년이 여자 친구의 집에 인사를 드리러 가게 되었다. 청년은 목욕도 하고, 이발도 하고 옷도 신경 써서 입었다. 그런데 점심때 먹은 음식이 체했는지 자꾸 방귀가 나왔다.

하지만 이미 약속이 된 터라 여자 친구의 집에 갔고, 저녁 시간이 되어 식탁에 둘러앉았다.

그런데 그 자리에서 방귀가 터졌다. 뽕~

그때 여자 친구의 아버지가 식탁 밑을 보더니 청년의 다리 밑에 앉아 있는 개에게 말했다.

"초코야, 저리 가."

청년은 여자 친구의 아버지가 자신의 실수를 알면서도 개가 한 것처럼 배려하는 줄 알고 깊이 감동했다.

잠시 후, 청년은 또 실수를 했다. 이번에는 제법 큰 소리가 났다. 뽕~

이번에도 여자 친구의 아버지가 개를 보고 "초코야, 저리 가라니까." 하였다.

청년은 다시 한 번 감동했다.
그런데 청년이 또 실수를 하고 말았다. 이번에는 엄청 큰 소리가 났다. 뿌~웅~
역시나 여자 친구의 아버지가 개에게 말했다.
"초코야, 얼른 저리 가라니까. 거기 있다가 똥 뒤집어쓰겠다."

`배·꼽·잡·는·언·어·유·머`
똥이 차야 가죠

한 버스가 정류장에 서서 떠나지 않고 있었다. 화가 난 승객이 운전사에게 화를 냈다.
"이놈의 똥차, 왜 안 가는 거야?"
그러자 운전사가 대답했다.
"똥이 차야 가지요."

`배·꼽·잡·는·언·어·유·머`
한 민족 다른 말

경상도 사람 둘이 서울에 올라와 지하철을 탔다. 둘이 재미있게 이야기를 나누는데 옆에 있던 서울 사람이 한마디 했다.
"거, 조용히 좀 갑시다."
그러자 화가 난 경상도 사람이 말했다.
"이기 니끼가?"
그러자 서울 사람이 함께 있던 사람에게
"거봐. 내가 외국 사람이라고 했잖아."

 만나기만 하면 싸워

배·꼽·잡·는·언·어·유·머

화장실에서 생긴 일

어느 공원의 남자 화장실. 나는 큰일 보는 곳 두 칸 중 한쪽에 들어가 볼일을 보고 있었다. 한참 용을 쓰는데 옆칸에서 인기척이 났다.
"안녕하세요?"
화장실에서 웬 인사? 혹시 휴지라도 달라는가 싶어 친절하게 응대했다.
"네. 안녕하세요?"
그러자 옆칸에서 공손한 멘트를 날렸다.
"식사는 하셨습니까?"
똥 누는데 밥 먹는 얘긴 또 뭐지? 그래도 먹었으니 거짓말을 할 수도 없어 정중히 멘트를 보냈다.
"예, 방금 먹었습니다. 그쪽 분도 식사는 하셨습니까?"
그랬더니 이 무슨 황당한 멘트란 말인가!
"죄송하지만, 이만 전화 끊어야겠습니다. 어떤 미친 놈이 자꾸 내 말에 대답을 하네요."

배·꼽·잡·는·언·어·유·머
〈양치기 소년〉 뒷 이야기

마을 사람들에게 호되게 야단을 맞은 양치기 소년이 용서를 빌고 다시 양치기 일을 하게 되었다.
그러던 어느 날, 소년의 머리 위로 비행기 4대가 지나가는 것이 아닌가.
소년은 하늘을 올려다보며 큰 소리로 감탄사를 연발했다.
그 후, 소년은 그 마을에서 영원히 쫓겨났다. 비행기를 본 소년이 이렇게 소리쳤기 때문이다.

"야! 넉~대다, 넉~대!"

배·꼽·잡·는·언·어·유·머
짧지만 강한 유머

*외국인에게 물었다. 한국에서 본 가장 섬뜩한 식당 이름은?
'할머니 뼈다귀탕'

*어떤 게시판에 이런 질문이 올라왔다.
"'secret'이 무슨 뜻이에요?"
리플이 달렸다.
"비밀입니다."
그 밑에 리플이 달렸다.
"왜요? 그러지 말고 가르쳐 주세요."

*부인이 침대에 누운 남편을 더듬으며 말했다.
"여보, 그냥 잘 거예요?"
그러자 남편이 손을 뿌리치며 말했다.
"왜 이래? 가족끼리."

별의 생성

배·꼽·잡·는·언·어·유·머

훈민정음의 여러 가지 버전

훈민정음 원문 해설
우리나라의 말이 중국말과 달라서,
한자와는 서로 통하지 아니하므로,
이런 까닭에 어진 백성들이 말하고
싶은 것이 있어도, 그 뜻을 담아서
나타내지 못하는 사람이 많으니라.
내가 이것을 딱하게 여겨
새로 스물여덟 글자를 만들어 내놓으니,
모든 사람으로 하여금 쉽게 깨우쳐
날로 씀에 편하게 하고자 할 따름이니라.

전라도 버전
시방 나라 말쌈지가 떼놈들 말하고 솔찬히 거시기 혀서,
글씨로는 이녁들끼리 통헐 수가 없응께로,
요로코롬 혀 갖고는 느그 거시기들이 씨부리고자픈 것이 있어도,

그 뜻을 거시기헐 수 없응께 허벌라게 깝깝허지 않겄어?
그러코롬 혀서 나가 새로 스물야달 자를 맹그렀응께,
느그들이 수월허니 거시기혀부러 갖고
날마동 씀시롱 편허게 살어부러라잉

경상도 버전
마, 조선말이 짱깨랑 엄청시리 달라가~꼬
말이 여~엉 안 통하는기라.
그라이까네 머리에 든 기 엄는 아~들이
할라 카는 말이 있어도 글자로 쓸 수가 없어서
얼~매나 깝깝하겠노?
내가 보이 영~ 안돼 가지고 요참에
새글자 시물여덜 자를 억수로 숨게 맹글어 놨는데
너그들 모도 다 배와 가꼬
할라 카는 말 해 가며 편키 잘 살그라. 알았째?

북한 버젼
인민들 말씀이 중공군과 상당히 안비슷하니끼니
글씨 가디고는 인민들끼리 통하디 않슴메
고로니끼니 인민동지들끼리 입방아를 찧고 싶어도 말임메
글씨로는 꿍꿍이를 전할 수가 업디 안카서?
그래서 위대하신 수령 아바이가 스물여덟 자를 창조하였으니끼니
인민 동지들은 위~대한 업적을 배워 매일같이 푠하게 사용하기 바랍메다. 고럼~

강원도 버젼
인자 우리말이 쭝국놈들하고 마이 틀리~
글짜로는 니들찌리 머이 안 통해 그르니 니들찌리 주깨도 몬 알아들어
먼 말을 전할라 캐도 마카 답답해 그래서 내가 스물여덟 자를 맹그러끄등
느들은 숩게 배아서 만날 주깨라~

제주도 버전
지금 우리말이 중국네 아이덜 말이영 하영 많이 달라부난
너네들끼리는 통할 수가 어시난 영허당 보민 너네가 주꾸고 싶어도 주꿀 수가 어서게
그 뜻을 전헐 수가 어시난 막 꼽꼽허여게 거난 내가 새로 스물여덟 자를 맹글엄시난
너네가 배웡으네 편하게 살라믄

초딩 버전
지금 우리나라 마리 짱깨들 말들과 마니 다르셈
글씨로는 니네들이 통할 수 업쓰삼 그러니까 니네들은 뜻을 전하지 못하삼
답답하겠삼ㅋㅋㅋ 그렇고 해서 내가 스물여덜 글자를 만들었삼ㅎㅎㅎ
님들은 편하게 배워서 잘 살으삼ㅋㅋ

배·꼽·잡·는·언·어·유·머

혀가 꼬였나, 머리가 꼬였나?

❶ 슈퍼마켓에 간 친구가 라면 코너에서,
"아줌마! 너구리 순진한 맛 없어요?"

❷ 집에 전화했는데 엄마가 받자,
"엄마, 지금 어디야?"

❸ 자장면을 시켰는데 아무리 기다려도 오지 않자 다시 전화를 걸어,
"저, 아까 배달한 사람인데요."

❹ 새벽 기도를 다녀온 친구가, 패스트푸드점에서 아르바이트하면서 손님에게
"주님, 무엇을 드릴까요?"

❺ 한 초등학생이 발표회에서 노래를 부르는데,
"동구밭~과수원 길~아프리카 꽃이 활짝 폈네~"

2010년 7월 25일 초판 1쇄 발행
2016년 3월 10일 초판 4쇄 발행
엮은이 · 이야기공방
표지 및 본문 일러스트 · 이경진
펴낸이 · 이미례 | **펴낸곳** · (주)학은미디어
주 소 · 서울 양천구 오목로 128, 302호
전 화 · 02)2632-0135~7 | **팩 스** · 02)2632-0151
등록번호 · 제13-673호
편집책임 · 육은숙 | **편집** · 박수진
디자인 · 신우진
ⓒ (주)학은미디어, 2010
ISBN 978-89-8140-361-4   00810